资产攻击向量

Asset Attack Vectors

［美］莫雷·哈伯（Morey Haber）
［加］布拉德·希伯特（Brad Hibbert） 著

张泽洲 张卓 译

奇安信身份安全实验室 审校

人民邮电出版社
北京

图书在版编目（CIP）数据

资产攻击向量 /（美）莫雷·哈伯（Morey Haber），(加) 布拉德·希伯特（Brad Hibbert）著；张泽洲 张卓译. -- 北京：人民邮电出版社，2023.8
ISBN 978-7-115-61738-5

Ⅰ. ①资… Ⅱ. ①莫… ②布… ③张… Ⅲ. ①资产管理 Ⅳ. ①F20

中国国家版本馆CIP数据核字(2023)第121927号

版权声明

First published in English under the title
Asset Attack Vectors: Building Effective Vulnerability Management Strategies to Protect Organizations,
by Morey Haber and Brad Hibbert
Copyright © Morey Haber, Brad Hibbert, 2018.
This edition has been translated and published under licence from Apress Media, LLC, part of Springer Nature.
Simplified Chinese-language edition copyright © 2023 by POSTS & TELECOMMUNICATIONS PRESS. All rights reserved.

本书中文简体字版由 Apress Media, LLC 授权人民邮电出版社有限公司独家出版。未经出版者书面许可，不得以任何方式复制或抄袭本书内容。
版权所有，侵权必究。

- 著　　[美] 莫雷·哈伯（Morey Haber）
　　　　[加] 布拉德·希伯特（Brad Hibbert）
　译　　张泽洲　张　卓
　审　校　奇安信身份安全实验室
　责任编辑　傅道坤
　责任印制　王　郁　马振武
- 人民邮电出版社出版发行　北京市丰台区成寿寺路 11 号
　邮编　100164　电子邮件　315@ptpress.com.cn
　网址　https://www.ptpress.com.cn
　三河市中晟雅豪印务有限公司印刷
- 开本：720×960　1/16
　印张：15　　　　　　　　　2023 年 8 月第 1 版
　字数：249 千字　　　　　　2023 年 8 月河北第 1 次印刷
　著作权合同登记号　图字：01-2021-3942 号

定价：69.80 元
读者服务热线：(010)81055410　印装质量热线：(010)81055316
反盗版热线：(010)81055315
广告经营许可证：京东市监广登字 20170147 号

内容提要

在当今动态的网络环境中，为了保护现代企业中的众多资产，有必要实施多重防护措施来缓解漏洞并阻止数据泄露。本书对与资产管理相关的威胁分析、风险度量和监管报告等新技术进行了解读，还概括了用于漏洞管理和补丁管理的服务等级协议等内容，可帮助您规划一个能应对现代网络威胁的漏洞管理解决方案。

本书主要包括攻击链、漏洞形势、威胁情报、凭据资产风险、漏洞评估、配置评估、风险度量、漏洞状态、漏洞权威机构、渗透测试、修复措施、漏洞管理计划、漏洞管理设计、漏洞管理开发、漏洞管理部署、漏洞管理运营、漏洞管理架构、漏洞管理计划示例、合规性、风险管理框架、让一切都真的发挥作用、实战故事、最后的建议等内容。

本书适合希望在企业内实施漏洞管理解决方案以切实保护企业资产的 IT 运营、安全相关的管理人员和实施人员以及审计人员阅读。

序

为您的资产建立有效的防御措施是一种"黑魔法"。记住我的话,它比任何规定、标准或者策略都重要得多。在信息技术和安全行业从业 20 年之后,实施漏洞管理计划、为您的操作系统和应用程序打补丁说起来都很容易。PCI、HIPPA、ASD 以及其他机构的合规标准都这么说。它们告诉您如何评估风险,以及何时必须为系统打补丁。然而,这些事情实际做起来极其困难。没有任何一项技术是万能的,也没有任何一个供应商的解决方案能够覆盖企业中所有的平台与应用。制定有效战略来保护资产、应用和数据是一项艰难的工作。漏洞管理也并不只是运行一次扫描。在构建策略时,漏洞管理是最基本的。规章制度告诉您必须这么做,但并没有告诉您如何在现实中实现。您可能遇到的问题、陷阱和阻力,也同样困扰着大部分团队。是的,确实存在某些团队成员会抵制采取漏洞评估扫描、部署补丁在内的正确做法。我们曾经在世界各地多次遇见这样的情况。这是一个严肃的网络安全问题。我们总是担心发现漏洞,担心修复漏洞需要太多资源,担心由此带来的业务中断比较麻烦,因此难免会产生抵制情绪。这都是人性的表现。

保护资产是基本的安全保障措施。在现代的企业中,从路由器到打印机再到摄像头,一切连接到网络的东西都是攻击目标。不仅仅是传统的服务器、台式机和应用程序,任何设备只要在 LAN、WAN 甚至开放的 PAN 上通信,就可能成为目标。威胁行动者也根本不在乎设备连接的是有线还是无线网络,它们都可以被利用。了解设备是全新的还是已经超出寿命并不再接受补丁,有助于评估风险面。但是,如果不知道您的网络上有什么,就不太可能确定优先级并采取有效的行动。这完全超出了现代威胁的范畴,但企业仍然有责任保障云和移动设备(包括 BYOD)的安全。

尽管我描绘的情景颇令人绝望,但现实是您仍然有责任保护这些资产。因为这些问题而闹得满城风雨显然是不可取的,法规、合同和安全最佳实践都明确强

调了必须实现上述保护。

  本书专门介绍这种"黑魔法"。究竟如何通过漏洞管理（以及不同程度上的补丁管理）制定资产保护战略并实现这些目标呢？我们用探索多年的经验、犯下的错误、威胁分析、风险度量以及相关法规，打造真正有效的漏洞管理计划。此外，我们还将提供创建漏洞管理策略的指导，并具备实际可行的服务等级协议，可供企业实施落地。其首要目标是战胜威胁，创建一个真正有效且运行良好的系统便于团队成员运维。漏洞管理不能仅仅是一项合规检查，它应该成为组织中网络安全的基石。我们可以共同探索实现这一目标并改善现状的方法。毕竟，在网络安全方面，如果不提升改进，就注定会再次遭遇攻击。威胁行动者总是以安全性最低的设备为目标，而未打补丁的资源很容易成为攻击目标。我们的目标是尽可能地让威胁行动者难以入侵我们的环境。如果因为信息泄露或遭受攻击而被媒体报道，我们宁愿报道的是其他人和其他企业，而不是我们自己。

Morey Haber

译者序

漏洞（vulnerability），也称脆弱性，泛指资产中能被威胁行动者所利用的弱点，是计算机系统安全方面的缺陷，可使系统或其应用的数据的机密性、完整性、可用性、访问控制等面临威胁。

最初的漏洞大多是由编程错误引入的，比如函数没有很好地对输入参数进行验证，代码没有正确处理操作指令的源地址和目的地址，导致非法输入覆盖部分关键系统的指令和数据，使得向系统中注入代码以非法获得系统的控制权成为可能。事实上，早在1972年，网络安全领域的先驱詹姆斯·安德森（James P. Anderson）就在其发表的《计算机安全技术规划研究》中发现了这种伴生系统与应用的脆弱性，并提出"最大的问题在于如何确保多层的信息资源共享平台免于恶意用户的攻击"，但这类问题在当时并未引起广泛关注。直到1988年，Morris蠕虫快速感染了当时互联网上10%的服务器，大家才真正感受到了漏洞的巨大危害。

如今，安全业界对漏洞的认识已经非常深刻，"假设系统一定有未被发现的漏洞，则一定有已发现的漏洞未打补丁"已经成为业内共识。特别是在数字化时代，企业暴露在互联网上的资产类型越来越多，从软件系统、网络设备到打印机、摄像头，一切连接到网络的设备都可能成为攻击目标。保护资产是现代企业最基本的安全保障措施，而漏洞管理则是这个措施的重中之重。

本书详细介绍了如何通过漏洞管理制定资产保护战略，提出漏洞管理不应该只是一项合规检查，它应该成为企业网络策略的基石，并给出了一系列的框架和策略。本书从威胁形势出发，引出漏洞评估、配置评估、风险度量等方面的体系和方法，并进一步从漏洞管理策略、计划、设计、开发、部署、运营等各个环节给出了企业可参考的落地指南，是企业践行漏洞管理的"黑魔法"。

需要注意的是，随着数字化转型的深化，数字化资产的保护正面临更大的挑战，因此需要在漏洞管理的基础上构建更现代的、可全面保护数字化资产的系统安全能力，把基础安全工作从定期检查模式转变为可持续验证模式，构建系统安全运行体系平台，通过数据接口和控制接口获取经过融合的资产信息、安全配置信息、漏扫及主机加固等多维度的漏洞信息、广义补丁等信息，或者说"白账"与"探查账"数据，然后在此基础上结合漏洞情报，对资产及其配置、漏洞、补丁等安全状况进行数据治理与数据碰撞分析，以求发现"白账"中未登记的资产及登记错误的数据，并以人工运营的方式补全"探查账"中未核实的资产信息，判定资产安全状况与脆弱性缓解优先级，最终形成动态资产清单库。

利用这个动态资产清单库，一是可以指导和构建良好的数据驱动的系统安全运行体系，夯实业务系统安全基础，保障IT及业务有序运行；二是在企业实施零信任安全策略的过程中，可以看清企业的资产暴露面，梳理需要优先构建零信任控制点进行保护的关键资源。另外，全面的资产信息也是制定零信任动态策略的重要属性，正如在谷歌的BeyondCorp项目中，资产清单库是构建零信任动态策略的关键信息来源那样。

从漏洞管理到系统安全，再到基于零信任架构的资产和资源保护，是逐步演进的安全历程，为了更好地达成资产和资源保护这一愿景，构建完整的知识体系至关重要。本书和《身份攻击向量》《权限攻击向量》组成了"攻击向量"三部曲，分别讲解了与网络安全三大支柱（身份、资产和权限）相关的威胁、保护策略与方法，这三大支柱也是构建零信任体系的关键，对于读者系统化理解零信任所依赖的关键支撑能力至关重要。希望通过"攻击向量"三部曲，可使国内读者在构建零信任体系时，深入理解零信任所依赖的基础能力体系，因为如果没有体系化地构建这些能力体系，零信任架构将成为无本之木。

本书主要由奇安信身份安全实验室的张泽洲、张卓进行翻译，并由奇安信身份安全实验室的张丽婷、刘君如等人完成审校工作，她们同时也是《零信任网络：在不可信网络中构建安全系统》《身份攻击向量》等图书的主要译者。本书的翻译工作是大家在繁忙的工作之余开展的，为了让译文简单易懂，同时保留原文特色，我们进行了反复的研习与调整、优化。当然，碍于技术理解和英文翻译功底，本书在翻译过程中难免有疏漏和谬误之处，也欢迎广大读者批评指正。

最后，零信任安全技术理念倡导与工程实践，离不开奇安信集团各级领导及各专业团队的大力支持和帮助，在此谨表谢意！

关于作者

莫雷·哈伯（Morey Haber），BeyondTrust 公司的首席技术官兼首席信息安全官。他在信息技术行业拥有 20 多年的工作经验，在 Apress 出版了 3 本图书：*Privileged Attack Vectors*、*Asset Attack Vectors* 和 *Identity Attack Vectors*。2018 年，Bomgar 收购了 BeyondTrust，并保留了 BeyondTrust 这个名称。2012 年，BeyondTrust 公司收购 eEye 数字安全公司后，Morey 随之加入 BeyondTrust 公司。目前，Morey 在 BeyondTrust 公司从事权限访问管理（PAM）和远程访问解决方案的有关工作。

2004 年，Morey 加入 eEye 公司，担任安全技术部门主管，负责财富 500 强企业的经营战略审议和漏洞管理架构。进入 eEye 之前，Morey 曾担任 CA 公司的开发经理，负责新产品测试以及跟进客户工作。Morey 最初被一家开发飞行训练模拟器的政府承包商聘用，担任产品可靠性及可维护工程师，并由此开始了自己的职业生涯。Morey 拥有纽约州立大学石溪分校电气工程专业理学学士学位。

布拉德·希伯特（Brad Hibbert），首席运营官（COO）、首席战略官（CSO）、*Privileged Attack Vectors* 一书的合著者，在公司内领导并负责解决方案策略、产品管理、开发、服务和支持等方面的工作。他在软件行业有 25 年以上的管理经验，致力于协调业务团队和技术团队的工作。

Brad 之前就职于 eEye 数字安全公司，负责战略与产品相关的工作，后来随着 eEye 被收购而进入 BeyondTrust 公司。在 Brad 的领导下，eEye 推出了多款市场首创的产品，包括用于云、移动与虚拟化技术的漏洞管理解决方案。在就职于 eEye 之前，Brad 服务于 NetPro 公司，担任该公司的战略与产品副总裁，直至该公司于 2008 年被 Quest 软件公司收购。多年以来，Brad 获得了许多行业认证，以支持他的管理、咨询和开发活动。他拥有渥太华大学商学学士学位（管理信息系统专业）和 MBA 学位。

关于技术审稿人

德雷克·史密斯（Derek Smith），网络安全、网络取证、医疗信息技术、数据采集与监控（SCADA）安全、物理安全、调查、组织领导力和培训方面的专家。他目前担任联邦政府的信息技术主管，也在马里兰大学-大学学院分校、弗吉尼亚科技大学担任网络安全副教授，同时经营着一家小型网络安全培训公司和一家从事数字取证的私人调查公司。

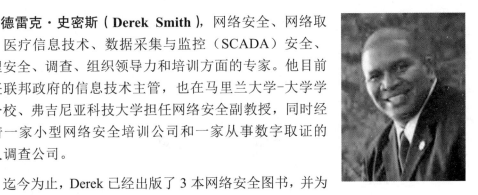

迄今为止，Derek 已经出版了 3 本网络安全图书，并为另一本图书撰写了其中一章。Derek 积极参加全美各地举行的网络安全活动并发表演讲，同时作为几家公司的网络专家为其主持在线研讨会。此前，Derek 曾在多家 IT 公司工作，其中包括计算机科学（Computer Sciences）公司和博思艾伦咨询公司。Derek 还在几所大学讲授了 25 年之久的商业和 IT 课程。Derek 在美国海军、空军、陆军总计服役 24 年。他获得了 MBA、IT 信息保障硕士、IT 项目管理硕士、数字取证硕士、教育学学士以及多个副学士学位。目前，他正在法学院攻读行政法学博士学位，并完成了除博士论文之外的所有内容。

献辞

献给我们聪慧的爱妻,感谢她们用无尽的耐心和爱心与我们一起面对艰难险阻。

致谢

特别感谢以下人员的帮助:

- BeyondTrust 公司产品管理总监 Alex DaCosta;
- BeyondTrust 公司市场营销资深总监 Chris Burd;
- BeyondTrust 公司市场营销总监 Peter Schumacher;
- BeyondTrust 公司市场营销总监 Scott Lang;
- BeyondTrust 公司业务发展副总裁 David Allen;
- BeyondTrust 公司用户体验架构师 Angela Duggan;
- BeyondTrust 公司首席架构师 Chris Silva;
- 伦敦玛丽女王大学的学生 Grace Hibbert;
- 时间旅行者 John Titor。

前　言

网络安全市场上充斥着各种浑水摸鱼的方案：单点解决方案的堆砌、虚假承诺、所谓的根据某种需求对指定技术进行扩展后形成的"独家定制"解决方案等。如果细数一下已经采用的安全解决方案，从杀毒软件到防火墙，我们可能会发现企业里已经部署了几十家供应商的解决方案。虽然企业员工和管理层每天都在使用从 VPN 客户端到多因子认证在内的解决方案，但是他们对这些解决方案却不甚了解。

如果我们退后一步，从宏观层面对这些解决方案进行分组，会发现它们可以归属于 3 个逻辑分组。且不论这些分组的有效性如何，它们构成了网络安全防御的三大支柱。

- **身份**——保护用户的身份、账户和凭据免受不当访问。
- **权限**——保护身份或账户的权利、权限和访问控制。
- **资产**——保护用户身份所使用的资源（直接使用或作为服务使用）。

尽管有些解决方案集合了以上 3 个支柱，但其目标只是通过某种形式的关联或分析来整合每一部分的信息。比如安全信息和事件管理（SIEM）的设计目标是将分散在各个支柱的解决方案中的安全数据整合起来，然后把这些数据进行关联以生成高级威胁检测和自适应响应信息。把上述三大支柱的共同特征关联起来，有助于我们对环境有一个更广泛、更全面（甚至全生命周期）的把握。一个拥有权限的身份对某资产的访问，提供了这些支柱如何支持公司网络安全基础的一个示例。让我们来看一个简单的关联。

- 谁是用户？（身份）
- 他们有权访问什么？（权限）

- 他们访问了什么？（资产）
- 这项访问安全么？（权限）
- 资产安全么？（资产）

搞清楚这些问题，就能回答"当前环境中我应该关注哪些不当行为？"这个问题。一份好的网络安全规划应该覆盖如图 1 所示的三大支柱。

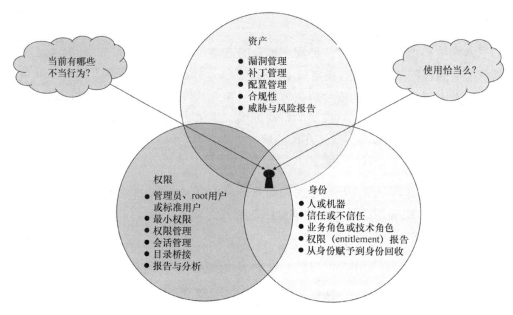

图 1　网络安全规划的三大支柱

有了这种程度的监管和控制，我们就能回答以下几个问题。

- 我的资产与数据安全么？
- 权限配置得当么？
- 访问行为恰当么？

对大多数供应商和企业而言，这三大支柱的整合是至关重要的。如果安全解决方案是孤立的，不共享信息，或只在自己的"安全孤岛"（一个或两个支柱）中运行，那么它们的保护范围将受到限制。例如，一个高级威胁保护解决方案或者杀毒软件无法基于身份的上下文来共享用户信息并进行报告，则就像骑在独轮车上。如果用力过猛，环境就会失去平衡而倾覆。如果这个比喻没能引起您的共鸣，那么我们再来看一个例子：假设我们没有对系统中敏感资产的访问权限进行跟踪，我们将永远无法知道某个身份对敏感数据的访问是否合适。而且我们也永远不可能知道，是否有一个被盗用的账户正在访问敏感数据。这就是每周都有威胁行动者攻击企业环境的原因。

当您关注新的安全解决方案时，请先问问自己"它们属于哪一个支柱""它们是如何支持我们日常使用且信任和依赖的其他支柱的"。例如，入侵防御、分段、安全编排与响应，甚至威胁分析，只要实施得当，就能从全部三个支柱中获得价值，并为之提供价值。如果新的安全投资只能孤立运行，请务必搞清楚原因以及在未来的相关性。说到这里，大家可能好奇什么样的安全解决方案只能孤立运行呢？答案是——不支持集成和日志转发，具有资产概念（即便只是基于 IP）或者基本角色访问的解决方案。这听起来像一个物联网（IoT）设备。对于任何组织而言，一个 IoT 门锁如果以静态身份为基础为资产提供物理保护，不能共享访问日志，或者无法与当前身份解决方案集成，建议最好还是不要用了。另外，如果一个独立运行的杀毒解决方案无法对安全态势、签名更新或者故障进行集中报告，也不要选用。因为我们无法得知这样的解决方案是否正常运行，是否有问题，甚至无法知道它是否可以有效阻止恶意软件。为什么要为企业选择一个消费级的杀毒解决方案呢？不幸的是，这样的事情总在发生，到头来我们只能使用"打补丁"式的方案来解决问题。

当我们明确网络安全的最佳实践，并专注于网络基础安全时，一定要考虑业务的长远目标。如果您选择的供应商所提供的解决方案不是在三大支柱上运行的，也没有任何集成策略，或者只提供古怪的单点解决方案，那就要充分考虑风险了。我们选择的所有安全解决方案都应该归入这些支柱之列；如果不是，就得多问几个为什么。比如，为什么要选择一个不支持集中管理的摄像机系统？它属于资产保护支柱，用来监控实体在现实世界中的访问行为，如果不支持集中功能和管理，那它就是一座"孤岛"，发挥不了应有的作用。一个有效的安全解决方案需要同时支持三大支柱，才能为关联、分析和自适应响应提供有用的信息。还有人认为，一套完整的网络安全防护体系应该包含 4 根或 5 根支柱，除了上面提到的三大支柱，还有培训、合作伙伴等。但是，我们更习惯于把所有工具和解决方案都划归到三大支柱中。为什么？3 条腿的凳子永远不会晃！

从漏洞管理的角度，识别和纠正可缓解的安全漏洞对于保护任何业务免遭有害攻击至关重要的，这并不是什么秘密。然而，作为业务连续性的关键组成部分的漏洞评估与修复流程,却常常被忽略。虽然这应该是一个持续进行的过程,但在维护适当的漏洞评估工作流中如果投入资源不足或者产生怠惰,就可能导致采取的优先顺序和修复方法不合适。只有灾难来临时,各个组织才被迫检查其流程和细节中的缺陷。即便在那个时候,一些企业依然没有从积极主动的漏洞管理和补救措施中吸取教训。此外,许多组织孤立地看待漏洞管理,或者严格地将其视为成本中心。我们的建议是退后一步,审视漏洞扫描中捕获的大量资产和风险信息,并证明它能以何种方式改善安全、可用性和业务连续性。研究这些数据的用途,不仅有助于确定补丁优先级、调动 IT 资源,还有助于使用这些信息强化整个组织的其他安全投资,包括资产管理、补丁管理、应用程序控制、分析和威胁检测等。

以下是关于漏洞评估以及正确保护计算环境的三支柱方法的一些常见误区。漏洞评估和漏洞管理之间的区别虽然简单,但仍然值得注意。评估是运行威胁风险分析的行动,而管理涉及整个生命周期。遗憾的是,安全社区倾向于将上述概念混为一谈,这可能导致非技术团队认为可以使用其他技术或者不完整的管理生命周期来保证安全。这就是所谓的"漏洞管理神话"。

防火墙能够保护我

现实:尽管防火墙、杀毒应用程序和入侵检测系统(IDS)都引起了广泛的关注,但安全漏洞仍然在各个组织内肆虐。这些工具的实施导致管理者认为,他们的网络可以免遭入侵者的攻击。不幸的是,情况并非如此。在当今复杂的威胁环境中,恶意软件、间谍软件、心怀不满的员工以及咄咄逼人的国际黑客大行其道,制定实施严格、定期的网络安全策略,并在其中加入持续的漏洞评估,是维护业务连续性的关键。防火墙和 IDS 是独立的安全层。防火墙只检查网络数据包,以确定是否将其转发到最终目的地。它根据域名或者 IP 地址屏蔽数据,可以抵挡一些低水平的攻击。但是,防火墙的设计目的并不是在资产暴露时保护网络免受漏洞和不当系统配置的影响,它也不能抵御内部的恶意活动或防火墙内的流氓软件。在我看来,一旦攻击者闯入您网络中的某个区域,防火墙(尤其是边界防火墙)就没有多大价值了。只有在恶意软件的命令与控制等流量通过它们发出时,它们才能起作用。如果它们是自主运行的,本质上就更没用处了。

与之类似，入侵防御系统（IPS）检查所有入站和出站的网络活动，识别可疑的模式。IPS 有被动式或主动式两种设计，但不管哪一种都依赖已知的攻击特征和/或行为来阻止入侵。大多数复杂的攻击可以轻松骗过 IDS 并渗透到网络中。同样，IPS 可能无法抵御远程执行代码可以利用的漏洞。漏洞评估系统能够监视网络，确定需要修补的弱点——在它们遭到攻击之前。由于每周都会有 80 多个新的漏洞发布，因此一家公司的网络安全性完全取决于最新的漏洞评估以及部署的补丁。一个持续的漏洞评估流程，再加上适当的修复措施，有助于确保网络抵御最新的攻击。

为什么针对我的公司

现实：如果您观察一下漏洞和漏洞利用的历史，就会发现并不是所有攻击都是有针对性的。"红色代码"（Code Red）、"冲击波"（Blaster）、"震荡波"（Sasser）、Bagel、Big Yellow、WannaCry、Petya 等病毒和蠕虫以特定漏洞为基础，随机攻击企业和系统。因此，并不是只有大企业才需要关心针对性攻击。任何组织都可能成为心怀不满的员工、客户或承包商的攻击目标。因此，重要的是跳出"这不可能发生在我身上"的错觉，面对残酷的事实。

我的行业是安全的

现实：据美国计算机安全协会（CSI）报告，90%的调查对象在最近 12 个月内发现了计算机安全漏洞。这些公司中有 80%都承认因为这些漏洞造成了可度量的严重损失。连续 5 年，多数调查对象（74%）认为他们的互联网连接是更常见的攻击点，有 1/3 的人提到了内部系统。

有些时候，攻击是非常有针对性的，但在其他一些时候，蠕虫、勒索软件和病毒的随机特性同样有害。例如，15 年前，"红色代码"病毒爆发的前 9 个小时内无差别地感染了超过 25 万台 Web 服务器，据报道，造成的损失超过 26 亿美元。现在，一切都没有改变。对于 Mirai 僵尸网络和 WannaCry、Petya 等，我们看到的统计数字也大同小异。

而且，"针对性"攻击以各种方式发生，并不一定是利益相关方所为。根据可以利用的弱点，入侵可能起源于网络的内部或者外部。承包商、心怀不满的员工、供应商等，都可能利用网络漏洞，侵犯安全策略。讽刺的是，尽管这一切令人担忧，但也有着光明的一面。据 CERT/CC（美国联邦政府出资，卡内基梅隆大学运营的研究中心）报告，大约有 99%的入侵利用了已知漏洞或者配置错误。从本质上讲，如果公司采用强有力的安全策略，坚持定期、持续的漏洞评估和主动修复策略，恶意入侵是可以避免的。

将补丁管理当成防护方式

现实：漏洞评估考虑了各种网络问题并确定了需要修复的弱点，包括错误配置和策略不合规等补丁管理系统无法单独处理的漏洞。它提供了可能破坏网络的所有系统、服务和设备的全面情况，以及需要解决的完整的按优级排列的漏洞列表。修复是精确识别漏洞并确定相关风险优先级的后续步骤。这两项工作组成了一个互补的流程，说明了漏洞评估和漏洞管理全过程之间的差异。

虽然有些自动化修复系统（通常称为补丁管理）能够提供一些过时文件的低级识别能力，但漏洞评估远比它们更全面。漏洞评估解决方案会测试系统和网络服务，如 NetBIOS、HTTP、FTP、DNS、POP3、SMTP、LDAP、RDP、注册表、服务、用户与账户、密码漏洞、发布扩展、检测和审计无线网络，以及许多其他方面的情况，以建立一个风险概况。

另外，漏洞评估解决方案能够迅速执行自定义审计（不仅仅是针对漏洞）。例如，试图识别流氓软件或禁用程序的用户可以快速运行一次全网扫描，识别违规资产。这些未知的系统，可能成为进入网络的不安全门户，阻碍企业做出的所有安全努力。当这些系统在一定程度上得到其他部门的支持时，它们就从流氓资产过渡到了影子 IT。影子 IT 不是由当前的信息技术或安全负责方实施的，甚至可能不在他们的管辖之下。最终结果是推动修复（补丁管理）工作，而这种工作只能在已知、受控的系统上完成。网络发现有助于确定这些系统，并支持用于检查遗留（或自定义）软件是否存在问题的评估，即使已计划将这些软件删除。显而易见，全面评估和风险识别是漏洞管理工作流程的第一步，修复是第二步。在整体的安全流程中，仅使用修复这一"捷径"将使网络更容易受到攻击。我们将在本书后面的章节中深入研究这一工作流程。

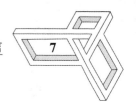

内部团队自研才是最好的

现实：理论上，由一个信息技术团队手动处理评估与修复是有可能的，但期待这些审计工作能够彻底和及时地完成是不现实的。即便有专门的内部团队通宵达旦地工作，也不会有足够的人力来应对这种挑战。漏洞的"完美风暴"——漏洞数量迅速增长，修复时间却显著缩短——将压垮安全管理工作。

据 CERT/CC 的报告，计算机安全漏洞呈指数增长——每年出现的新漏洞平均数量很快从 500 个（1995-1999 年）增加到 1000 个以上（2000-2001 年）和 4000 个以上（2002-2003 年）。令人头疼的不仅是攻击的数量，而且还有它们来袭的速度——每周几十个，而且不断增长。

试图利用内部系统的企业很快会认识到，了解漏洞并设计软件来准确识别它们是一项艰巨的任务。想要有效对抗网络操作系统、应用程序、供应商设备、物联网设备、云平台、移动设备中日益增加的固有缺陷，唯一的方法是利用全面的扫描程序，并辅之以前瞻性的专门的漏洞研究。

自主开发的内部系统和不成熟的扫描程序尚未在这一领域得到充分验证，往往会产生误报和漏报。这些工具通常是基于特征的扫描程序，以有限或过时的研究作为基础，缺乏自动更新功能，不能确保及时识别和处理最新的漏洞。由于它们不能检测大量较新的漏洞，因此会产生不准确、虚假的漏洞报告。我们通常会在 NAC 和 VPN 设备自带的安全解决方案中发现这种情况，它们增加了一些初级的漏洞评估功能，但这不够好。

为了降低虚假报告的可能性，漏洞评估解决方案必须：

- 以经过验证且定期更新的扫描引擎为基础；
- 由致力于漏洞研究的公司提供支持；
- 能利用先进的技术来检测签名文件之外的弱点，以克服虚假报告的情况。

忽略企业可扩展性

现实：试图在企业中使用免费软件或部署有限的网络安全评估扫描工具，可能会造成带宽过载，并导致数据分散在不同的扫描程序中。企业级解决方案能整合结果和扫描任务，极大地节约时间，并显著提升网络安全态势。为企业选择漏洞评估解决方案时，目标方案必须能够处理此类工作负载，并在技术上为该目的进行设计。BeyondTrust、Rapid 7、Tenable 和 Qualys 等供应商使用行业标准的最佳实践，辅之以一套企业专用的强大管理工具，能够集中捕获和管理漏洞评估、优先级确定、工作流程及漏洞修复，而且可以在不影响带宽或者网络资源的情况下完成这些工作。带宽和资源问题可能会引起业务特有的性能问题，在成功的设计和实施中必须加以考虑。

代价是不是太高了

现实：如果不实施漏洞管理解决方案，付出的代价会更高。正如保险、楼宇警报系统和数据备份系统一样，企业应该将漏洞管理解决方案视为确保业务连续性、基本网络安全卫生、缓解潜在业务风险的标准要素。

就备选的安全方法而言，企业级漏洞管理解决方案有着显著的投资回报率。例如，雇用安全专家团队持续研究和监控网络漏洞、预防攻击，从财务角度看是不可行的。在现代化环境中，没有漏洞评估解决方案的帮助，识别并解决整个企业的漏洞所需的时间超出了可行的范围。如下的情况并不鲜见：内部系统忽略了一个漏洞，随后这个漏洞被利用，导致网络的严重破坏、生产率损失或者数据失窃。这种情况也会让您成为报纸头条的主角。仅仅是这方面的担心，就足以成为对主动漏洞管理技术进行投资，使其提供保护的理由。

落伍者

现实：漏洞管理的真正好处是，它是一个保护企业网络的强大的主动性过程。拥有了漏洞管理解决方案，潜在安全漏洞就可能在出问题之前被修复，公司就可以在攻击发生之前避开风险。这个问题的真相很简单：几乎所有攻击都来自已知的漏洞。据 CERT/CC 报告，在所有的入侵活动中，有近 99%的入侵利用了已知漏洞或配置错误。考虑到这一点，评估漏洞管理供应商的研究团队以及在提供数据库更新方面的承诺就很重要了。如果您或者您的解决方案落伍了，那么您可能会成为 CERT 统计数据的一部分。

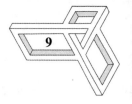

定制与遗留系统

现实：大部分入侵者确实都专注于主流应用中的漏洞，由此进入网络。但是，更高级的攻击者将聚焦于不那么知名的应用（即组织内仍在使用的定制应用和过时的程序），并将其作为入口。对于运行定制应用的环境，重要的是选择一个能够提供自定义扫描功能的程序（而不是仅依赖于已知攻击的单一特征文件的扫描程序）。并非所有的扫描程序都提供这种功能，也不是所有解决方案都能检查存在 20 年以上的遗留系统。

金钱陷阱

现实：信息技术团队用于修复的时间和企业从漏洞利用攻击中进行恢复所需要的时间，对其业务的影响将远大于企业部署最新漏洞管理解决方案所需的那一小段时间。

现代的漏洞评估扫描程序易于安装和运行，并具有直观的用户界面和向导，便于学习。毕竟，如果没有人使用，任何解决方案都没有效果。精心设计的解决方案不需要高深的安全知识就可以安装，即使是小型组织也可以在几天内实施。

较为先进的扫描程序会自动处理详细的网络评估，并使用高级分析清晰地识别问题和解决方案，以解决暴露的漏洞。有些漏洞管理解决方案甚至有内建的或与技术合作伙伴集成的自动修复功能，从而使得只需单击鼠标就能解决错误配置、补丁和不当设置的问题。这就确保了一个解决方案能应对整个生命周期，使其成本结构不至于成为金钱陷阱。

自满的因素

对于网络安全威胁和漏洞，我们变得有些自满了。我们知道各种威胁；几乎每天都在新闻中听到它们；还有太多的专家提出了保护移动设备、信用卡、社交媒体账户和物联网的建议。我们创造了"侧录"（Skimming）和"网络霸凌"（Cyber Bullying）等描绘此类威胁的新名词。网络公民对这些词汇的意义、专家的建议和迟缓的现实已经变得麻木，除非自己成为攻击的受害者。我们是真的自满了，不仅在个人生活上，在业务中也是如此。在马拉松比赛中是不可能一直保持全速的，但网络安全问题仍在不断升级,这种加速发展也使各组织和政府的努力事与愿违。与其说是企业高管和立法者变得更有战略眼光,安全专家变得更为敏锐,用户变得更有自知之明,不如说是我们对每天密集的安全信息司空见惯,在某些情况下,这些问题都变得可以接受了。然而,事情的真相是,我们还有一个问题需要解决。我们对事实变得不敏感了,这是企业安全遇到的最大威胁之一。

如果您生活在一所老房子里,那么问自己一个非常简单的问题。墙上有多少层漆?卧室或厨房重新装修了多少次?网络安全与之类似。我们通常不会推倒重来,而是在现有材料之上加一层(例如墙纸),以获得新的风格、更好的光线和更漂亮的外表。除非绝对必要,我们实际上不会去维修腐朽的木料、拆除报废的部件(旧管道)、替换墙砖和水泥砂浆。企业安全中的自满情绪与新产品中的缺陷无关,我们都知道微软、苹果、甲骨文和谷歌解决方案中的最新缺陷。对于支撑业务与政府事务的材料及解决方案中不断出现的缺陷,我们已经感到厌倦。不管这些系统是有真正需要修补(曾经有过,之前也曾修补过)的安全缺陷,还是使用了由于维护问题而必须放弃的过时技术,都是如此。安全团队甚至对仅使用数年的操作系统、应用程序、基础设施和网站的修补工作都感到厌烦。您曾多少次要求一个团队为 Windows Server 2008 R2 打补丁,才使这项工作变得单调、无聊、重复,也使所有者变得自满?遗憾的是,这种情况总在发生。运营和安全专业人员需要挑战,需要锻炼自己的思维,需要跳出常规,这样的工作和意识才是令人兴奋的,而不是让人心烦意乱的重复劳动。这就是我们最初遇到问题的原因。同样的问题一次又一次地出现,太多层的油漆掩盖了根本问题。

在网络安全中,实际上没有给单调的工作留下任何空间。安全工作从一开始就必须以正确的方式实施,企业必须避免自满情绪。遵循一些基本的建议(来自另一位安全专家),有助于您避免这种日益蔓延的"流行病",让您的团队远离报纸头条。这就是我们写作本书的原因。

底线

当今的网络环境是动态的,需要多种防御措施企业才能有效避免攻击并缓解漏洞带来的威胁。各组织不仅必须了解威胁,还要了解威胁对其基础设施的影响。安全管理人员需要一种解决方案,使他们能够迅速、有效地做出响应,这样才能度量风险,而不是对其一无所知。

资源与支持

本书由异步社区出品,社区(https://www.epubit.com)为您提供相关资源和后续服务。

提交勘误

作者和编辑尽最大努力来确保书中内容的准确性,但难免会存在疏漏。欢迎您将发现的问题反馈给我们,帮助我们提升图书的质量。

当您发现错误时,请登录异步社区,按书名搜索,进入本书页面,单击"提交勘误",输入勘误信息,单击"提交"按钮即可。本书的作者和编辑会对您提交的勘误进行审核,确认并接受后,您将获赠异步社区的 100 积分。积分可用于在异步社区兑换优惠券、样书或奖品。

扫码关注本书

扫描下方二维码,您将会在异步社区微信服务号中看到本书信息及相关的服务提示。

与我们联系

我们的联系邮箱是 contact@epubit.com.cn。

如果您对本书有任何疑问或建议,请您发邮件给我们,并请在邮件标题中注明本书书名,以便我们更高效地做出反馈。

如果您有兴趣出版图书、录制教学视频，或者参与图书技术审校等工作，可以发邮件给本书的责任编辑（fudaokun@ptpress.com.cn）。

如果您来自学校、培训机构或企业，想批量购买本书或异步社区出版的其他图书，也可以发邮件给我们。

如果您在网上发现有针对异步社区出品图书的各种形式的盗版行为，包括对图书全部或部分内容的非授权传播，请您将怀疑有侵权行为的链接通过邮件发给我们。您的这一举动是对作者权益的保护，也是我们持续为您提供有价值的内容的动力之源。

关于异步社区和异步图书

"异步社区" 是人民邮电出版社旗下IT专业图书社区，致力于出版精品IT技术图书和相关学习产品，为作译者提供优质出版服务。异步社区创办于2015年8月，提供大量精品IT技术图书和电子书，以及高品质技术文章和视频课程。更多详情请访问异步社区官网 https://www.epubit.com。

"异步图书" 是由异步社区编辑团队策划出版的精品IT专业图书的品牌，依托于人民邮电出版社的计算机图书出版积累和专业编辑团队，相关图书在封面上印有异步图书的LOGO。异步图书的出版领域包括软件开发、大数据、AI、测试、前端、网络技术等。

异步社区

微信服务号

目 录

第 1 章 攻击链 …………………………… 1
第 2 章 漏洞形势 ………………………… 3
  2.1 漏洞 ………………………………… 3
  2.2 配置 ………………………………… 5
  2.3 漏洞利用 …………………………… 6
  2.4 误报 ………………………………… 6
  2.5 漏报 ………………………………… 7
  2.6 恶意软件 …………………………… 8
  2.7 社交工程 …………………………… 8
  2.8 网络钓鱼 ………………………… 11
    2.8.1 好奇害死猫 ………………… 11
    2.8.2 不会有事的 ………………… 12
    2.8.3 您知道他们从字典上删去了"轻信"二字吗 …… 13
    2.8.4 这不会发生在我身上 …… 13
    2.8.5 如何确定您收到的电子邮件是不是一次网络钓鱼攻击 ………………… 13
  2.9 勒索软件 ………………………… 14
  2.10 内部人员威胁 …………………… 16
  2.11 外部威胁 ………………………… 19
  2.12 漏洞披露 ………………………… 20

第 3 章 威胁情报 ………………………… 23
第 4 章 凭据资产风险 …………………… 27
第 5 章 漏洞评估 ………………………… 29
  5.1 主动漏洞扫描 …………………… 29
  5.2 被动扫描程序 …………………… 29
  5.3 侵入式漏洞扫描 ………………… 30
  5.4 非侵入式扫描 …………………… 31
  5.5 漏洞扫描的局限性与不足 …… 32

第 6 章 配置评估 ………………………… 33
  6.1 法规 ……………………………… 33
  6.2 框架 ……………………………… 34
  6.3 基准 ……………………………… 34
  6.4 配置评估工具 …………………… 34
  6.5 SCAP ……………………………… 36

第 7 章 风险度量 ………………………… 38
  7.1 CVE ……………………………… 40
  7.2 CVSS ……………………………… 41
  7.3 STIG ……………………………… 42
  7.4 OVAL ……………………………… 43
  7.5 IAVA ……………………………… 44

目录

第 8 章 漏洞状态 ·················· 45
- 8.1 根据状态确定漏洞风险 ······ 46
- 8.2 漏洞的三种状态 ················ 47
  - 8.2.1 活跃漏洞 ················ 48
  - 8.2.2 休眠漏洞 ················ 48
  - 8.2.3 潜在漏洞 ················ 48
  - 8.2.4 状态优先级排序 ······ 49

第 9 章 漏洞权威机构 ············ 51

第 10 章 渗透测试 ·················· 52

第 11 章 修复措施 ·················· 56
- 11.1 微软 ································ 56
- 11.2 苹果 ································ 57
- 11.3 思科 ································ 58
- 11.4 谷歌 ································ 59
- 11.5 甲骨文 ···························· 59
- 11.6 Red Hat ··························· 60
- 11.7 Adobe ····························· 60
- 11.8 开源产品 ························ 61
- 11.9 其他各方 ························ 62

第 12 章 漏洞管理计划 ·········· 63
- 12.1 设计 ································ 64
- 12.2 开发 ································ 64
- 12.3 部署 ································ 64
- 12.4 运营 ································ 65
- 12.5 成熟度 ···························· 65
- 12.6 成熟度分类 ···················· 66
- 12.7 描述 ································ 67

第 13 章 漏洞管理设计 ·········· 68
- 13.1 爬、走、跑和冲刺 ·········· 69
- 13.2 落实今天的工作，为明天做计划 ································ 70
- 13.3 一切出于商业价值 ·········· 70

第 14 章 漏洞管理开发 ·········· 72
- 14.1 漏洞管理范围 ·················· 73
  - 14.1.1 操作系统 ·············· 73
  - 14.1.2 客户端应用 ·········· 74
  - 14.1.3 Web 应用 ············ 74
  - 14.1.4 网络设备 ·············· 76
  - 14.1.5 数据库 ·················· 76
  - 14.1.6 平面文件数据库 ·· 76
  - 14.1.7 虚拟机管理器 ······ 78
  - 14.1.8 IaaS 和 PaaS ········ 78
  - 14.1.9 移动设备 ·············· 79
  - 14.1.10 IoT ······················ 81
  - 14.1.11 工业控制系统（ICS）和 SCADA ············· 81
  - 14.1.12 DevOps ··············· 82
  - 14.1.13 Docker 与容器 ···· 83
  - 14.1.14 代码评审 ············ 83
  - 14.1.15 工具选择 ············ 84
- 14.2 漏洞管理流程 ·················· 85
  - 14.2.1 评估 ······················ 86
  - 14.2.2 度量 ······················ 86
  - 14.2.3 修复 ······················ 87
  - 14.2.4 冲洗和重复（循环）··· 87
  - 14.2.5 生命周期终止 ······ 87
- 14.3 漏洞生命周期中的常见错误 ································ 88
  - 14.3.1 错误 1：漏洞管理脱节 ···················· 88

14.3.2 错误2：仅依赖远程
评估·············89
14.3.3 错误3：0day漏洞没有
得到保护··········90
14.3.4 错误4：分散的
可见性···········90
14.3.5 错误5：为了合规牺牲
安全·············91
14.4 常见的挑战··············91
14.4.1 老化的基础设施·····92
14.4.2 计划的深度与广度···92
14.5 制定计划················93
14.5.1 步骤1：要评估什么···93
14.5.2 步骤2：评估配置·····93
14.5.3 步骤3：评估频率·····94
14.5.4 步骤4：确定所有权···94
14.5.5 步骤5：数据与风险
优先级排序········95
14.5.6 步骤6：报告·········95
14.5.7 步骤7：修复管理·····96
14.5.8 步骤8：验证与
度量·············96
14.5.9 步骤9：第三方
集成·············97

第15章 漏洞管理部署···············98

15.1 方法1：仅针对关键和高风险
漏洞·····················98
15.2 方法2：统计抽样··········99
15.3 方法3：根据业务功能针对性
扫描·····················100
15.4 团队沟通···············101

15.5 网络扫描程序············104
15.5.1 防火墙·············105
15.5.2 IPS/IDS············105
15.5.3 封包整形···········106
15.5.4 QoS···············107
15.5.5 Tarpit············107
15.5.6 蜜罐···············107
15.5.7 认证···············108
15.5.8 空会话·············109
15.5.9 凭据···············109
15.5.10 权限集成··········110
15.6 代理····················112
15.7 第三方集成··············113
15.8 补丁管理················114
15.9 虚拟补丁················115
15.10 威胁检测···············115
15.11 持续监控···············116
15.12 性能···················117
15.12.1 线程··············118
15.12.2 完成时间·········119
15.12.3 带宽·············120
15.12.4 端口·············120
15.12.5 扫描窗口·········121
15.12.6 扫描池化·········121
15.12.7 目标随机化······121
15.12.8 容错·············122
15.12.9 扫描程序锁定····123

第16章 漏洞管理运营···············124

16.1 发现···················125
16.2 分析···················125
16.3 报告···················126

16.4 修复 …………………………… 126
16.5 度量 …………………………… 127

第17章 漏洞管理架构 ………… 128

第18章 漏洞管理计划示例 ……… 131
18.1 漏洞管理解决方案与修复的服务等级 ……………………… 131
18.2 漏洞扫描目标 ……………… 132
18.3 漏洞扫描频率/计划 ………… 132
18.4 漏洞报告 …………………… 133
18.5 修复管理 …………………… 134
18.6 例外管理 …………………… 135
18.7 排除在评估之外 …………… 137

第19章 合规性 ………………… 138

第20章 风险管理框架 ………… 141

第21章 让一切都真的发挥作用 ……………………… 144
21.1 知道您的网络上有什么 … 144
21.2 自动化凭据扫描 …………… 146
21.3 找出潜藏在阴影之中的东西 ……………………… 146
21.4 清晰看待数据 ……………… 148
21.5 找出威胁中的软目标 ……… 149
21.6 注意您的漏洞缺口 ………… 150
21.7 统一漏洞与权限情报 ……… 150
21.8 威胁分析 …………………… 151
21.9 合理化补丁流程 …………… 151
21.10 共享和协作 ………………… 153

第22章 实战故事 ……………… 155
22.1 丢失的企业客户 …………… 155
22.2 只是一场胜利 ……………… 157
22.3 太多了,无法管理 ………… 159
22.4 过时 ………………………… 160
22.5 复杂的才是最好的 ………… 161
22.6 弃赛 ………………………… 162
22.7 聆听技巧 …………………… 163
22.8 承包商 ……………………… 164
22.9 流氓设备 …………………… 165
22.10 大鱼 ………………………… 166
22.11 所有机器都被Rootkit控制了 ……………………… 167
22.12 不是唯一 …………………… 168
22.13 我最喜欢的故事 …………… 168
22.14 有多少个B类网络 ………… 169
22.15 来自地狱的博客 …………… 170
22.16 漂亮的门户,宝贝 ………… 171
22.17 网上银行 …………………… 172
22.18 谎言 ………………………… 173
22.19 说到比较 …………………… 174
22.20 理清事实 …………………… 175
22.21 保形涂层 …………………… 176
22.22 依赖性 ……………………… 177
22.23 轶闻趣事 …………………… 179

第23章 最后的建议 …………… 181

第24章 结语 …………………… 183

附录A 请求建议书(RFP)示例 ……………………… 184

附录B 请求建议书(RFP)数据表格 ………………… 206

第 1 章
攻击链

正如许多文章、漏洞报告和研究所强调的那样，大多数的网络攻击源自组织外部。据 2018 年的 Verizon 数据泄露调查报告（DBIR）估算，其比例为 73%。尽管具体的攻击策略可能各有不同，但外部攻击的各个阶段都遵循可以预测的流程，如图 1-1 所示。

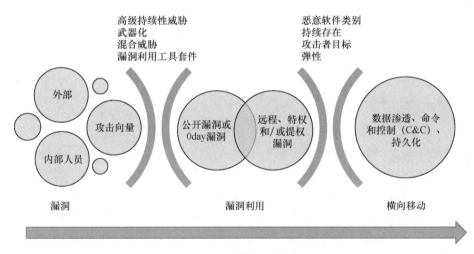

图 1-1 网络安全攻击链

首先，威胁行动者攻击网络边界。

在现代环境中，威胁行动者不太可能直接突破网络边界，但是他们更可能通过一次成功的路过式下载（drive-by download），或者发动一次网络钓鱼攻击以侵害用户系统，并在网络内部确立一个立足点。这些行为都是在许多传统安全防御措施的"视线之外"完成的（这里假定攻击者没有通过企业本地资源或云中资源的错误配置而渗透入侵该环境）。

接下来，黑客建立一个连接。

如果攻击者使用的不是勒索软件或者完备的恶意软件，那么他就会迅速与命令和控制（C&C）服务器建立连接，以下载工具套件、额外的载荷（payload），并接收更多指令。

据 2017 年 Verizon 数据调查报告中的数据显示，在所有的安全事件中，有 43% 利用了社交攻击。几乎所有导致安全事件的钓鱼攻击之后都会出现某种形式的恶意软件，而且 28% 的钓鱼攻击是针对性的。在 Verizon DBIR 调查数据集中，钓鱼攻击是最常见的社交攻击战术（占社交攻击事件的 93%）。

进入网络后，攻击者开始动手了。

攻击者开始了解网络、布局和资产。他们开始横向移动到其他系统，寻找收集更多凭据、找到其他脆弱系统、对资源进行利用或提权，以便继续侵害应用及数据。请注意，内部人员也可以利用环境中已经存在的未修补漏洞，成为攻击者。在 2018 年的 DBIR 报告中，这种情况发生的频率占所有攻击的 28%。

任务完成。

最后，攻击者收集、打包并最终盗走数据。

单一产品当然无法提供对抗攻击各个阶段所需的保护措施。虽然某些有创意的新方案有助于保护或检测到恶意攻击的初期活动，但无法保证 100% 地阻止。事实上，这不是一个攻击是否会成功的问题，而是何时成功的问题。您仍然需要做一些基本的防护——防火墙、终端杀毒、威胁检测等。但您还需要识别并修补整个环境中的漏洞。正确地管理这些风险，有助于您对抗攻击的所有阶段。本书将从缩小攻击面到抵御横向移动，再到检测入侵和泄露的进展、积极响应与缓解入侵和泄露的影响，来研究漏洞、漏洞利用和修复策略如何通过网络攻击链阻碍威胁行动者的进展。

第 2 章
漏洞形势

漏洞指的是物理、电子或情感层面可能遭到攻击、衰退或伤害的特性或状态。前两者很容易在网络安全环境中诠释，而情感漏洞则表现在黑客行为、民族国家攻击甚至网络霸凌上。了解漏洞形势对设计相应的防御措施十分重要，在许多情况下，我们的物理世界与电子世界的界限可能在考虑潜在威胁时变得模糊了。

2.1 漏洞

漏洞本身并不意味着攻击向量能取得成功。实际上，漏洞只意味着存在风险。漏洞不过是一个错误，它可能是代码、设计、实现或者配置中的错误，恶意活动有可能利用这些错误发起。因此，如果没有被利用，漏洞只是一个潜在问题，在风险评估中被用来估计可能发生的情况。根据漏洞、已有的利用手段和已评估过存在缺陷的资源，发生实际风险的可能是有限的，也可能预示着灾难。我们在此简化了真正的风险评估，但为作为攻击向量的权限提供了基础。所有漏洞和利用工具并不都一样，根据漏洞相关用户或应用程序的权限，攻击向量的升级和效能可能有所不同。例如，标准用户或管理员运行一个有漏洞的字处理程序，一旦遭到利用，造成的风险完全不同。前者仅限于标准用户的权限，后者则可能对该主机有全部的管理权限。而且，如果用户使用了域管理员账户或者其他提升的权限，攻击者就可能有整个环境的权限。这就是威胁行动者唾手可得的。谁没有遵循安全最佳实践，我又如何利用他们渗透到环境中？

有鉴于此，漏洞也有各种各样的"形状和大小"。它们可能针对操作系统、应用程序、Web 应用、基础设施等，也可能针对各种网络资源（分布在有线网络、Wi-Fi、基于语音的无线电频段）之间的协议、传输和通信。不过，并非所有漏洞都可以利用。有些漏洞只是概念验证，有些漏洞并不可靠，还有一些漏洞很容易被改造成武器，甚至包含在商用渗透测试工具或免费开源软件中。有些漏洞在暗网上出售，用于网络犯罪，还有一些则专属于国家，直到它们得到修补或者公开（有意或无意）。重要的是，漏洞可能在任何时候出现在任何地方。漏洞的重要性在于利用它们的方式，如果漏洞本身使利用者有可能真正地改变权限（权限提升），权限攻击向量的风险就是实实在在的。迄今为止，在所有已发布补丁的微软漏洞中，只有不到 10%允许权限提升。考虑到仅为它们每年就发布成百上千个补丁，这是一个真正的威胁。

为了传达风险、识别漏洞，安全业界有多种讨论风险、威胁和漏洞相关性的安全标准。最常见的标准如下。

- 通用漏洞披露（CVE）——信息安全漏洞命名与描述标准。

- 通用漏洞评分系统（CVSS）——对信息技术漏洞的风险进行评分的数学系统。

- 可扩展配置检查清单描述格式（XCCDF）——用于编写安全检查清单、基准和相关类型文档的规范语言。

- 开放式漏洞评估语言（OVAL）——信息安全社区为标准化计算机系统状态的评估与报告所做的一项努力。

- 信息保障漏洞警报（IAVA）——美国网络司令部下属的 DoD-CERT 以警报、公告和技术咨询的形式发布的漏洞公告，是美国政府和美国国防部（DoD）内部修复措施的法定基线。

- 通用配置枚举（CCE）——提供系统配置问题的唯一标识，以便跨越多个信息源和工具迅速、准确地关联配置数据。

- 通用缺陷枚举（CWE）——为了讨论、发现和处理代码中的软件安全漏洞而提供的一种通用的讨论语言。

- 通用平台枚举（CPE）——用于信息技术系统、软件和程序包的一种结构化命名方案。

- 通用配置评分系统（CCSS）——一组软件安全配置问题严重程度的度量。CCSS 衍生自 CVSS。

- 开放式检查清单交互语言（OCIL）——定义一个框架，用于表示提交给用户的一组问题，以及解释这些问题答案的对应规程，这些问题无法以电子形式自动化，也无法查询资源或环境。本质上，它们是需要人工干预才能回答，但以标准化的标记语言表达的问题。

- 资产报告格式（ARF）——表示资产相关信息传输格式以及资产与报告之间关系的数据模型。这种标准化的数据模型有助于在整个解决方案和管理组织或从属组织中报告、关联和融合资产信息。

- 安全内容自动化协议（SCAP）——一个基于现有标准的互操作规范综合体。例如，获批的 SCAP 1.2 版本包括特定版本的 XCCDF、OVAL、OCIL、ARF、CCE、CPE、CVE、CVSS 和 CCSS。这允许各种标准独立发展，但在将它们作为一个集合进行交流时，将对其相应的版本进行冻结。

- 开放式 Web 应用安全项目（OWASP）——一个在线社区，通过为供应商、组织和最终用户提供方法、工具、技术和评估方法，从而为开发安全的 Web 应用提供了非营利的方法。

从这些信息得到的结果，可以帮助安全专业人员和管理团队讨论漏洞风险并排定优先顺序。最终，他们必须阻止漏洞利用，以及由此导致的任何攻击向量。如果供应商、企业和政府之间没有讨论漏洞的通用语言与结构，那么基于安全最佳实践的组织间的评估就几乎毫无意义。由于环境不同，某种风险对于一家公司来说可能很严重，但对另一家公司来说则可能不存在。CVSS 等标准可用于所有利益相关方的正确交流。

2.2 配置

配置缺陷是漏洞的另一种形式。不过，这种缺陷不需要修复，只需要采取缓解措施。CCE 等标准使用一种通用的行业标准语言，有助于识别并传达这些类型的缺陷。针对配置缺陷而言，修复或是缓解很关键。修复意味着部署软件或固件补丁以补救漏洞，这通常称为补丁管理。缓解只是在现有部署中做一定程度的变更，转移（减轻）漏洞被利用的风险。这可能是某个文件、组策略的简单更改，或者更新证书。归根到底，它们是配置不当引起的漏洞，容易被威胁行动者视为攻击向量进行利用。最常被威胁行动者利用的配置问题涉及默认安全策略不良的账户，这可能是管理员或根账户初始密码配置为空或默认值，也可能是由于缺乏专业知识或存在未记录的后门而在初始安装后留有未被锁定的不安全通信路径。

无论如何，配置缺陷只需要进行更改即可修复。如果缺陷足够严重，威胁行动者可能不需要运行任何漏洞利用代码便可获得根账户的权限。

2.3 漏洞利用

漏洞利用攻击需要漏洞，如果没有记录在案的漏洞，攻击就不可能发生。安全专业人员需要花一定的时间对漏洞利用攻击进行逆向工程，才能发现它所针对的漏洞。这是一种非常具有技术挑战的取证工作。正如 2.1 节中所述，漏洞利用也有许多不同的"形状和大小"。它们可能用于泄露信息、安装恶意软件、进行监视，但最终目标是在某个资源内部建立可持续、不易发现的"滩头阵地"，或者立刻造成混乱和破坏。漏洞利用攻击本身的执行方法是非常有破坏性的，但最成功的却完全相反。漏洞利用攻击能否获得权限、执行代码、横向移动、泄露数据并不被发现，很大程度上取决于漏洞本身，但也取决于漏洞利用攻击在执行时拥有的权限。这就是漏洞管理、风险评估和补丁管理的重要性所在。漏洞利用攻击只能在它们侵害的资源范围内执行。如果修复工作消灭了所有漏洞，它们就无法执行。如果用户或有漏洞的应用程序权限很低（普通用户），就不可能实现提权，攻击能力将受到限制。然而，不要被这一事实欺骗了，即便使用普通用户权限，漏洞利用攻击也可能以勒索软件或其他恶意攻击的形式，造成毁灭性的后果。幸运的是，只要降低权限级别并最小化权限攻击的目标区域，就可以缓解（遏制）绝大多数的漏洞利用。漏洞利用要取得成功，最好是使用最高级权限——root 账户或管理员，或者有一个能让漏洞利用自行提权的缺陷。因此，通过修复（补丁管理）、缓解措施（如果有的话）和降低权限，可以阻止漏洞利用的发生。降低权限不能修复漏洞，只能降低攻击成功的可能性，因此它本身不是可接受的安全修复，仅是一种缓解策略。

2.4 误报

漏洞管理供应商使用各种术语来描述实际的检查、策略和扫描设置。各个解决方案并不使用共同的术语，在不同的工具中，审计、策略、选项、不安全的检查以及群组等术语代表着不同的东西。虽然差异不大，但所有供应商都使用标准之外的一些常用术语。"误报"（false positive）就是一个非常重要的术语，它指的是某个资源出现了漏洞的确切标识，但实际上这个风险并不是真实的，或者相应威胁已经得到修复或缓解。漏洞管理供应商努力地将误报比例限制到最低，但总有一些情况可能导致误报：

- 漏洞检查编写质量不佳，不能覆盖漏洞特征和运行指标等各个方面；
- 安全补丁的向后移植没有考虑漏洞识别的简便性；
- 漏洞检查返回了不易理解或者不完整的结果，使检查结果留有歧义；
- 版本和补丁的替代没有顾及已用于修复漏洞的产品版本或更新的补丁。

总而言之，误报是漏洞评估中非常不受欢迎的结果。尽可能减少这种现象至关重要，因为它可能将资源用于调查一个并不存在的问题。对于持续存在的误报，许多漏洞管理供应商提供了"排除"功能。这一功能可以不显示因其他原因而不值得过多担忧的已知漏洞，或者制造商无法改正的误报。

误报是我们讨论的重要部分，因为我们必须假定识别出来的漏洞是准确的。但在现实中，每个环境都会在其整个生命周期中遇到一定比例的误报。从供应商的角度，在创建漏洞检查时，它们宁愿夸大某个发现和潜在的误报，也不愿意用漏报（false negative）去提供不切实际的安全感。

2.5 漏报

与误报相对的是漏报。"漏报"指的是存在一个漏洞，但漏洞评估未能识别。造成漏报的原因很多：

- 供应商没有提供对该漏洞的检查；
- 供应商不支持指定操作系统、应用程序或平台内特定漏洞的检查；
- 供应商的检查不完整，没有检查所有必要的部分；
- 有效检查所需的凭证或授权不正确或不存在；
- 对您的评估来说，供应商发布可靠检查不够及时。

对于一个组织来说，漏报是最糟糕的情况。漏洞在报告和评估中遗漏了，如果这个威胁太过严重，它带来的风险就无法得到优先处理和修复。

虽然近年来各解决方案供应商的漏报数量已显著减少，但它仍不时成为现实问题。为了控制这个问题，有些环境不再依赖于单一解决方案识别漏洞。如果评估条件相同，在一个解决方案中可以识别，但在另一个方案中无法识别的漏洞都可以归为误报或者漏报。

2.6　恶意软件

恶意软件常被称为病毒、间谍软件、广告软件、勒索软件等，是任何一类不受欢迎或未授权的软件，用于对资源进行恶意攻击。恶意软件的目的可能是监视、数据泄露、干扰、指挥与控制和勒索等。如果您选择最拿手的一种犯罪方式，它能够转化成某种信息技术资源，那么恶意软件可以为威胁行动者提供监测网络犯罪活动的工具。与其他任何软件一样，恶意软件可以在从普通用户到管理员（root）的任何权限下执行。根据它的创建、意图和权限，恶意软件的破坏程度各不相同——可能只是造成小烦恼，也可能是毁灭性的大事。恶意软件可以通过漏洞和漏洞利用攻击的组合、合法安装程序、供应链中的弱点甚至社交工程（如网络钓鱼），安装在某个资源上。无论通过何种方式安装，其动机都是在资源上执行未经授权的代码。一旦运行，就成为反恶意软件供应商检测和威胁行动者保持执行、避免威胁被发现并移除的争夺战。这包括恶意软件自我适应以避开检测，以及禁用防御手段以便继续扩散。根据不同的意图，恶意软件可以执行传递散列和击键记录等功能。这样一来，恶意软件或者威胁行动者部署的其他攻击向量就可以窃取密码，以权限为基础实施攻击。恶意软件只是传播持续攻击的载体，最终需要权限才能获得攻击者想要的目标信息。恶意软件的类别很广泛，我们在讨论漏洞和漏洞利用时，重点是如何修复漏洞，使恶意软件不能作为漏洞利用攻击的有效载荷。

2.7　社交工程

考虑到从勒索软件到在电话中录制我们的声音，网络世界中现代化威胁的严重程度，甚至超出了人们最为悲观的想象。为了避免对收到的每封邮件和接到的每通电话都疑神疑鬼，我们需要了解社交工程的原理、人们身上也存在的漏洞和

2.7 社交工程

漏洞利用,以及在不失去理智的前提下识别这些攻击的方法。这种习得行为与发现您的兄弟姐妹传达父母口信时是否撒谎没有什么不同。有些时候,您只需要在采取行动之前验证信息,并从结果中理解风险就行了。从社交工程的角度(人们身上的漏洞),威胁行动者企图利用少数关键的人类特征来实现其目标:

- 信任——认为任何类型的通信来源都是可信的;
- 轻信——相信邮件内容不管看上去是疯狂还是简单,实际上都是真的;
- 真诚——邮件内容的口吻是"该邮件关乎到您的利益,您应该回复或打开";
- 疑心——邮件内容中的拼写错误和糟糕的语法,或者电话上像机器人一样的应答都应该引起疑虑(而实际上并没有引起);
- 好奇——攻击一直没有被识别(作为过去训练的一部分),或者当事人记得这种攻击向量,但没有做出相应的反应。

如果我们考虑到上述每一种特性,就能很好地训练团队成员避免落入社交工程的陷阱中。难点是克服人性的弱点,并且不要偏离所受的教育。为此,请考虑如下训练参数和潜在的自我意识技巧。

- 团队成员应该只信任由已知、信任的成员发起的敏感信息请求。"发件人"一栏中的电子邮件地址不足以验证这类请求,回复邮件也是如此。他们的账户可能遭到入侵。最佳的选择是采用双因子验证技术,并拿起电话,给请求敏感信息的一方打电话,验证请求的真实性。如果请求看起来很荒谬,比如请求个人所得税表格信息或者电汇款项,则根据企业内部政策的规定或者其他相关方(如财务部或人力资源部——这可能是一次内部人员攻击)的意见验证请求是否可以接受。向可信任的人(如一位主管)求证很简单,也对阻止社交工程很有帮助。此外,所有验证都应该在打开任何附件或单击任何链接之前进行。如果邮件是恶意的,载荷和漏洞利用程序可能在您验证之前就执行了。
- 如果请求来自有一定可信度的未知来源——例如您打过交道的银行或企业——采用简单的技巧就能避免轻信。首先,检查电子邮件中的所有链接,确定它们真的指向正确的域。在大部分的计算机和邮件程序中,只要将鼠标悬停在链接之上,就会显示其内容。如果请求是通过电话发出的,千万不要泄露个人信息。记住，电话是他们打来的。例如，美国联邦税务局（IRS）绝不会用电话联系您，它们只使用邮政服务寄送公函，不要被"天要塌了"的夸大说法吓住。图 2-1 所示为从语音邮件上抄录的此类通话。威胁行动者往往用合成语音来掩盖口音，或者使通话显得更正式一些。

Hi Morey,

New York NY has left you a Voice Message

Voice Message attached.
From: New York NY, +1 3■■■■■■2
Received: February 17, 2018 at 8:43 AM

"This call is officially a final notice by the IRS Internal Revenue Service. The reason behind this call is to notify you that IRS is filing a lawsuit against you so before your case gets downloaded into the court house. Call back on our department number 3■■■■■2. I repeat 3■■■■■2 goodbye."

图 2-1　假冒的 IRS 社交工程电话

- 传授识别通信真假的技术相当困难。社交工程可能采取许多种形式，包括应付账款、情书、简历和虚假的人力资源信函等。仅仅知道"看起来太好的就不是真的"或者"天下没有免费的午餐"，只能应付社交工程企图的一小部分。此外，如果同事也收到了相同的邮件，只能消除以鱼叉式网络钓鱼攻击作为攻击向量的可能性。最好的选择是从一开始就考虑，您是否应该收到这样的请求。收到这样的邮件，是常见的事情，还是非常规的情况？如果是常见的情况，则默认为可信任，并在继续处理之前验证邮件的意图。

- 可疑通信是检测和阻挡社交工程企图的最简易方法。这需要对邮件进行一些侦探调查，寻找拼写错误、糟糕的语法和格式、电话上的机器人语音，以及明确请求是否来源于您从未打过交道的单位/个人。这种通信可能承诺免费邮轮旅游，或者来自您没有开立账户的银行。如果有任何理由感到怀疑，最好保持谨慎：不要打开任何内容或者口头回复，并删除邮件。如果这次通信是真实的，负责任的一方将及时再与您联系。

- 从社交工程的角度看，好奇心是最麻烦的。可能发生的以及将会发生的都不会发生在我身上，因为我完全受到计算机和公司信息技术安全资源的保护。这是一种虚假的设想。现代攻击可以绕过最安全的系统和应用控制解决方案，甚至利用原生操作系统命令实施攻击。对个人好奇心的最好防御就是纯粹的自制。不要回应陌生电话中"你能听到我说话吗？"之类的问题；如果邮件满足上述的条件，不要打开其附件，也不要相信什么都不会发生在自己身上（即便使用的是 macOS）。事实是确实可能发生破坏，您的好奇心不应该成为攻击的根源。天真的人将会成为受害者。

社交工程是一个真实的问题，没有 100%有效的技术可以应对。人本身是脆弱的，攻击的发生源于我们的本性。垃圾邮件过滤器可以去除恶意邮件，杀毒软件可以发现已知或基于行为的恶意软件，但没有任何软件能阻止社交工程和内部人员威胁产生的人为问题。对社交工程最好的防御，就是学习和理解这些攻击如何利用我们自己的特性取得成功。如果我们能够了解自己的弱点并采取相应措施，就能最大限度地削弱威胁行动者由于我们的自身缺点而侵害资源、获得访问权限的能力。

2.8 网络钓鱼

我们总是听到这样老生常谈的话题——"好奇害死猫""不会有事的""您知道他们从字典上删除了'轻信'二字吗"和"这不会发生在我身上"。但正如我们了解到的，网络钓鱼诈骗就是利用类似的态度引发用户行为，并通过缺失安全补丁的脆弱系统来持续攻击。为此，我们将逐个讨论这四句老话，然后探索漏洞管理解决这些问题的方式。

2.8.1 好奇害死猫

假定您收到一封网络钓鱼邮件，它侥幸没有被移到您的垃圾邮件文件夹中。图 2-2 所示为一个常见的完美例子。邮件的载荷是一个 Word 文档，是典型的勒索软件（这里是 W97.Downloader）。

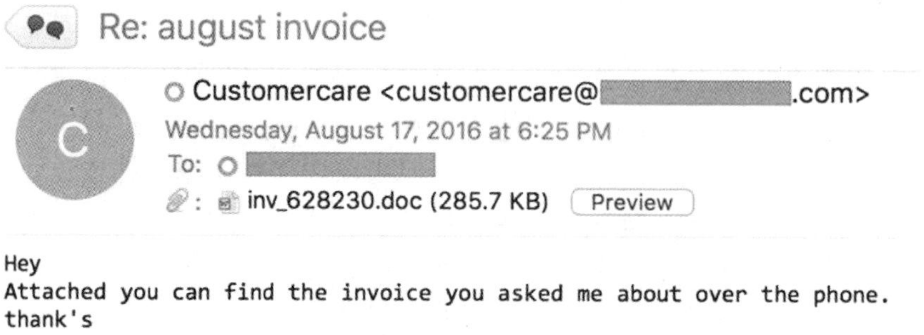

图 2-2 网络钓鱼邮件示例

希望任何有经验的计算机用户都能意识到这一点，并删除电子邮件。然而，对于典型的非技术型用户，特别是财务等部门的人员，他们可能不会想到这一点，并且会打开附件，看看它到底是什么，是不是应该支付的账单。仅仅因为职务带来的好奇心，就可能完全感染整个环境。这就是基于最终用户职业的有针对性的行为反应。

2.8.2　不会有事的

平心而论，我认为每个安全专业人员都应该至少有过一次这种经历，即便是为了测试：建立一个系统（可能是虚拟机），用现有的各种安全工具进行全面保护，或者关闭所有安全措施，然后执行恶意软件（已知或未知的载荷），看看会发生什么。遗憾且同时令人吃惊的是，我们最好的防护防御系统崩溃了，系统遭到入侵，您最终只能拔掉网线或者关掉虚拟机的电源，因为一切很快就失去控制。

网络钓鱼邮件也不例外。想想有人第一次使用杀毒软件测试上述文件的情况。看看 VirusTotal 的最新发现：只有 26% 的解决方案能识别出这个恶意软件。如果您用于保护虚拟机的是剩余 74% 的解决方案，即便在今天，您也将成为"如果我拥有的安全工具都是最新的，就不会出现糟糕的情况"这种错误观念的牺牲品。图 2-3 所示为 VirusTotal 对网络钓鱼邮件附件的扫描。

图 2-3　VirusTotal 对网络钓鱼邮件附件的扫描

网络钓鱼邮件很少在安全和技术专业人员身上取得成功。不过，我们在实验室里所做的工作并不全都可控，一旦失控，结果有可能是毁灭性的。如果组织内部有人执行了文件，就将暴露出这个漏洞，他们可能认为不会有什么坏事发生，但实际结果可能大不相同。

2.8.3 您知道他们从字典上删去了"轻信"二字吗

这一说法简明扼要。您还记得 Apple 公司在一次宣传活动中称 Mac 不会感染病毒吗？这是一项可怕的广告宣传活动。但事实是这样的：1989 年出现了第一个 Mac 恶意软件，macOS（OS X）和 Windows 一样也发生了变化（尽管由于 Apple 的市场份额较小，数量上有所不同）。虽然载荷来自需要传输的共享文件，但用于共享的种子（torrent）很容易通过电子邮件或者网页传播。对于任何说"Mac 不会感染恶意软件或者不容易遭到网络钓鱼攻击"的人来说，他（她）真的认为"轻信"二字可以从字典中删掉。

2.8.4 这不会发生在我身上

这种网络钓鱼攻击利用了每个人的侥幸意识，从高管人员到公司雇用的专业承包商都不例外。网络钓鱼邮件对目标不做区分，当它们使用各种技术（例如鱼叉式网络钓鱼攻击）针对特定个人时，其结果可能是一场财务上的灾难。最近针对高管及其团队成员实施的电汇诈骗攻击，其代价是数百万美元的经济损失和受害者工作不保。如果任何一位团队成员认为，因为资格老或者重要性，他就不会成为网络钓鱼的受害者，那就大错特错了。

2.8.5 如何确定您收到的电子邮件是不是一次网络钓鱼攻击

避免网络钓鱼攻击潜在破坏效应的最佳方法是进行基础教育并加强漏洞管理工作，这就像开车的时候系上安全带。下面是验证您所收到的邮件是否为网络钓鱼攻击的 5 个步骤。

1. 验证电子邮件确实是内部地址或可信任的来源。
2. 如果您的名字没有出现在"收件人"或者"抄送"栏目里，或者列出了许多同事的名字（数十个甚至数百个），请质疑邮件来源。

3. 如果有简单的拼写或语法错误，或者"主题"有些奇怪，它有可能是假冒的。

4. 验证邮件中的链接是真实域名，而不是可疑域名。

5. 即便您相信系统已打上全部补丁且防恶意软件是最新的，也绝不要打开附件。有许多攻击向量（如基于 Office 的宏病毒）可以绕过这些安全解决方案。

即使最终用户犯了错误，基础技术也能阻止攻击，因为许多网络钓鱼攻击利用的都是已知漏洞。下面是缓解网络钓鱼攻击风险的 5 个最佳实践。

- 确保所有系统定时更新所有安全补丁，尤其是针对常见的攻击向量，如 Office、Flash 和 Java。

- 确保最终用户都有合适的权限，不要以管理员身份回复邮件，那样只会使恶意软件更容易控制系统并绕过防护措施。

- 确保防护软件（如杀毒软件）是最新的（包括扫描引擎和特征）。

- 禁用 Office 宏的自动执行功能，只运行有数字签名的宏。

- 部署并维护垃圾邮件过滤器、下一代防火墙等设施，以阻止恶意的电子邮件进入最终用户的收件箱，确立对被劫持系统的命令与控制权。

如果管理员能够贯彻上述事项，用户接受了识别潜在攻击的培训，并且安全与运营人员在整个生命周期中保持警惕，即便行业变化、GDPR 等规章影响安全解决方案检测网络钓鱼攻击的可靠性，利用漏洞发起的网络钓鱼攻击也将显著减少。

2.9 勒索软件

让我先把话讲清楚：没有任何一种解决方案可以 100%地缓解勒索软件风险。一些技术号称测试过数百种样本，它们能够阻止 100%的样本。很遗憾，那是谎言。为什么？如果任何一个供应商有彻底解决这个问题的方案，勒索软件就不再是问题了。

应用程序控制解决方案、终端保护产品和补丁管理解决方案都在缓解勒索软件方面取得了不同程度的成功，但没有一种是 100%有效的。为什么？现代勒索软件可以利用社交工程、利用漏洞，有时还可以针对智能电视等不太引人注目的设备。我们已经发现通过 Office 宏传播威胁的勒索软件大量出现，甚至还有使用嵌入在文档中的 JavaScript 实施恶意活动的版本。这些都是不同类型的漏洞。

与攻击载荷的识别一样，其交付也很引人注目。载荷可以通过可利用的漏洞、有问题的可执行文件（最容易阻止）、PowerShell 脚本进行交付，还可以以宏或脚本形式嵌入文件或者网站中。更令人不安的是，许多攻击结合多种方法，并使用一个命令与控制服务器来保存加密证书，而不是在每次感染时在本地保存（可以用解密软件处理）。用于执行勒索软件的漏洞和权限有助于决定恶意入侵的成功程度。

这也是勒索软件如此难以阻止，没有一种技术 100%有效的原因。

可以利用漏洞管理、配置加固与补丁管理采取某些措施，最大限度地减轻威胁。遗憾的是，没有什么能够取代对用户的训练，让他们不要在打开未知文件时运行宏。如果他们这么做了，最重要的是拥有干净的备份，以便在最糟糕的情况下恢复。不过，这里有几条易于实施的规则，可以阻止绝大多数用户可能犯的错误，阻止 dropper 病毒执行，阻止脆弱应用被用来破坏您的资产。

- 阻止不信任的可执行程序——应用控制解决方案允许对应用程序进行控制，并允许根据规则或策略提升应用程序。未授权的应用程序不管其来源为何，只要它没有正确的数字签名，或者试图执行 dropper 等恶意子进程，都将被阻止执行。

- 阻止 dropper 病毒——遗憾的是，受信任的应用程序可能启动其他应用，执行预期的功能。这包括浏览器、邮件程序甚至 PDF 阅读器。这个问题始终如一的部分是，这些可执行程序几乎总是从临时文件目录中启动的。管理员可以使用终端保护解决方案管理文件完整性，跟踪、警告和阻止出现在这些目录或者不能满足最低信誉要求的 dropper 病毒。

- 阻止脆弱的应用程序——持续的监控解决方案通常有一个信誉服务引擎或者其他技术，用于在应用程序启动之前度量其风险。这个组件能够实时评估应用程序的运行情况，以了解恶意软件、漏洞、权限和隐私等方面的状况。为此，我们可以建立策略，以阻止（或通知）可能在勒索软件攻击中遭到利用的风险应用程序的启动。这有助于确保网络安全卫生的服务等级协议得到满足，不遗漏任何可能带来不可接受风险的系统。

关于勒索软件的教训是围绕漏洞展开的。通过减少易受攻击的应用程序的漏洞，以及可能导致它们运行的人性弱点，可以最大限度地降低勒索软件攻击的风险。虽然没有一种方法是100%有效的，但漏洞管理生命周期确实有助于应对其中一些的威胁。

2.10 内部人员威胁

大多数安全专业人员都听腻了内部人员威胁。这并不是什么新鲜事儿，而是一种老式的攻击，由于电子形式失窃的数据的性质、数量和敏感性，它们一直都被公之于众。多年以前，这些攻击就经常发生，但没像今天那样被贴上耻辱的标签。我的意思并不是说这种攻击在过去是可以接受的。我们只需要以现实的眼光看待内部人员威胁，承认它数百年以来一直以不同形式出现。

从定义来看，内部人员威胁指的是某个内部人员表现得像威胁行动者。不管采用的是什么技术，他们的行为都不符合公司的最大利益，有可能触犯法律，并泄露机密信息。这类威胁最典型的案例是泄露客户名单。顺便说一句，这种内部人员威胁今天仍然存在。打算离开某个组织的销售人员、高管等，有可能在离开组织之前复印或打印客户名单及订单，以便在新雇主那里得到竞争优势。这种威胁要发生影响，可能需要用到大量的纸张，但辞职者带走打印在纸上的机密信息，仍然是一种内部人员威胁。显然，他们并没有带走装满文件的档案柜，但利用今天的电子媒体和互联网，可以在不引起任何人注意的情况下，轻松地发出大量数据。另外，提醒大家注意，整个文件柜的敏感信息很容易保存在一个U盘上，藏在人们的口袋里。因此，我们现在为此类威胁打上了一个标签，内部人员威胁也变得更加重要。这种威胁仍然困扰着安全专业人员，因为此类犯罪行为历史悠久，可现在必须考虑其方法及数量，也需要用新的策略加以防范。

内部人员威胁的发生原因多种多样，包括试图伤害某个组织或者获得竞争优势等不同方面。无论这些威胁的意图是什么，内部人员威胁的数字化特征最引人注目。人在极端条件下会做出最不寻常的事情，但如果得不到授权，许多内部人员威胁的风险可以得到缓解。在您的公司中考虑如下问题：

- 包含敏感信息的系统安全性如何？

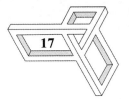

- 内部人员是否可以利用简单的漏洞或配置错误获得权限？
- 特定网络和用户的访问安全是否得到保证？
- 修复可识别风险的服务等级协议是什么样子的？

公平地讲，诚实地回答上述问题可能打开一个潘多拉魔盒。不过，如果您在意内部人员威胁，就应该回答这些问题，原因如下。

- 包含敏感信息或个人识别信息（PII）的资源应该被视为"皇冠上的珍珠"。识别和修复它们的风险是很好的网络安全卫生措施，也是许多合规性举措的要求。
- 任何漏洞的暴露时间，都决定了它们遭到攻击的可能性。每个季度修补一次敏感系统甚至互联网资产上的重要漏洞是不够的。它们处于风险中的时间越长，威胁就越大。
- 对系统的敏感访问，不仅要按照用户和权限，还要按照网络和网段进行限制。这样就将漏洞暴露的范围限制在了受信任的资源上，而不是整个互联网甚至访客网络。
- 评估从公开披露、漏洞识别直到修复全过程的服务等级协议，有助于确保漏洞管理生命周期的顺畅运行。如能从评估中发现任何缺口或者时效问题，都能帮助您迅速弥补应对威胁时的不足之处。

请熟悉这些建议，如果内部人员正在访问敏感系统以窃取信息，会话监控能够记录他们的访问以及提取信息的方式，您就可以确定他们是否通过权限访问管理的缺陷或者漏洞取得访问权。图 2-4 说明了如何通过漏洞利用建立一个"滩头阵地"，并实施横向移动。

如果您认为遵循上述所有步骤来抵御内部人员威胁，就能够获得安全，那就错了。威胁行动者可以安装恶意数据捕捉软件，利用缺失安全补丁的系统进行横向移动，并使用后门访问资源以实施类似的数据收集活动。内部人员威胁与窃取信息和破坏业务有关，但根据威胁行动者的老练程度，他们可以使用与外部威胁相关的工具。因此，我们必须意识到，内部人员威胁本质上来自两个方面：过高的权限和不良的安全卫生状况（漏洞管理）。为此，所有组织还应该定期执行如下权限访问任务，使系统始终得到保护。

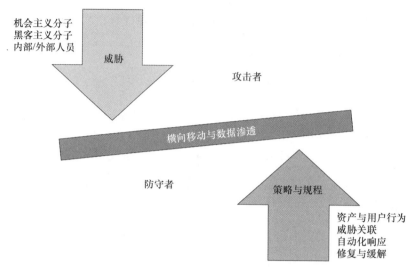

图 2-4 对某个资源成功实施漏洞利用攻击之后的横向移动

- 所有用户不应该再使用管理账户进行电子邮件等日常工作。这包括管理员本身,以防止他们的账户也遭到入侵。所有用户都应该使用普通用户权限。

- 所有敏感数据都只能供合法用户使用。前员工、承包商甚至审计人员不应该有日常访问权限。这些账户应该根据组织政策被删除。

- 人事变动是经常的事情。如果在员工离职、新员工上岗时没有修改密码,敏感数据泄露的风险就会增加,因为从技术上讲,前员工仍然知道访问公司敏感信息的密码。这与共享密码问题是类似的,因为不止一个人知道如何访问敏感的系统,其中一些人甚至不再是员工了。

- 权限活动的监控至关重要。这包括日志、会话监控、屏幕记录、击键记录甚至是应用程序监控。

上述要点看起来很简单,但现实是大部分企业连最基本的安全工作都没有做好。如果它们遵循这些基本原则,通过限制管理权限访问、使用最新的防御手段和安全补丁更新信息技术资源,就能将内部人员威胁的风险控制在最低限度。内部人员威胁不会消失,它们已经存在了成百上千年,但窃取信息的媒介和技术在随着现代科技的发展而演变。我们的目标是相同的:阻止数据泄露,并意识到内部人员可以通过多个攻击向量实现其目标。作为安全专业人员,我们必须从源头上缓解风险。装满纸张的公文包仍然是内部人员威胁之一，但不像保存了整个客户信息数据库的 U 盘那么重要。他们窃取信息的方式，要么是漏洞和漏洞利用攻击，要么是糟糕的权限设置。

2.11 外部威胁

组织在制定资产保护战略的时候，通常将威胁行动者和外部威胁当作主要的风险来源。威胁行动者以内部人员身份利用漏洞实施攻击的情况并不常见，但在一些最引人注目的内部人员违规事件中，这种情况仍然时常发生。需要注意的是，实施外部攻击的目的是在不被发现的情况下从环境内部获得好处，或者以停机或拒绝服务攻击的形式造成中断。这就是各种边缘防御、外部漏洞评估和入侵防御系统仍然重要的原因。关于外部威胁的类型可以写上整整一本书，但组织在评估风险时应该特别关注一个方面：SWOT 分析（Albert Humphrey 在 20 世纪 60 年代提出的分析方法）。

SWOT 分析是一种度量优势、劣势、机会和威胁的简单方法。了解了您的外部威胁究竟是什么、来自何方之后，就可以应用这种方法。设想一下，一个拥有家庭办公室、网站和一些云服务（如 Office 365 或 Salesforce）的典型公司。任何可以通过互联网或访客网络公开访问的系统都属于外部威胁的范畴，即使您订阅了它们的服务。人们可以通过电子方式（互联网）接触您的信息技术资产、公开登录并访问公司数据，或者您以访客身份提供互联网访问的地方，都有外部风险面。如果配置不当、存在漏洞或者管理不善，就可能在某个时间点上被攻击。这只是时间问题。

SWOT 分析能够帮助您确定外部威胁的优先级并加以管控。首先考虑表 2-1 中的每个问题。

表 2-1　SWOT 外部风险工作表

优势	劣势
• 您部署了哪些效果良好的保护措施？如何度量？ • 您试图抵御什么威胁？ • 其他人如何看待保护方面的优势？ 答案	• 您可以改善哪些威胁检测措施？如何度量？ • 您的威胁检测措施有哪些不足？ • 其他人如何看待您的劣势？ 答案

续表

机会	威胁
• 您可以做哪些改变，以更好地抵御威胁？ • 威胁预防中有哪些您可以利用的趋势？ • 您如何将威胁检测中的优势转化为机会？ 答案	• 哪些外部威胁令您担心，可能损害您的组织？ • 您的同行和竞争对手在做什么？ • 您的劣势意味着组织会面临哪些威胁？ 答案

这些问题几乎适用于任何场景，但我们的主要目的是帮助您理解哪些措施有效、哪些无效，以及如何改善。如果您将这种方法应用于所有外部资源，就会得到多个表单和活动项目去确保每一个资源的安全。例如，对于您的公共网站和您计划在云上托管的新应用，该如何回答这些问题？如果所有团队成员都为这些答案做出贡献，且没有对错之分，就可以制定抵御外部威胁的有效策略。如果您认为外部威胁是任何通过互联网（如果您有无线摄像头和个人局域网，甚至可以通过所有电子手段）损害公司诚信、数据和运营的企图，确定战略永远是最难的一步。只要想象一下，除非您的环境空气与外界隔离、没有任何互联网访问、不支持任何类型的无线设备、只能通过实体锁具和钥匙进入，否则就会有威胁组织的外部资源。下一步，您准备为此做些什么？根据曝光度和对其他人的风险，可能需要公开或在内部披露漏洞。

2.12　漏洞披露

漏洞披露是报告计算机软件、硬件或固件中安全缺陷（漏洞）的策略、规程和实践。一旦识别出漏洞，就要向来源方、科技公司或者负责维护该解决方案的各方披露。披露的对象包括公共、私有供应商以及开源社区。一般来说，供应商或开发者将把漏洞细节的公告推迟到安全补丁或缓解策略可用的时候。当这一信息在改正路径可用之前公开时，该漏洞通常被称作 0day 漏洞。

漏洞披露和披露管理策略可能是供应商、研究人员和最终用户之间激烈争论的问题。供应商更愿意等到补丁可用后再公开披露，即便这需要相对较长的时间。许多研究人员则倾向于为披露设立一个时间表，给供应商 30、60 或 90 天的时间开发并发布补丁,然后再公开披露漏洞细节。虽然风险较高,但从理论上说,知道您可能遭到某种特定方式的入侵,总比假定系统是安全的更好。最终用户则希望整个周期越短越好。识别、修补和披露在短时间内完成,这样可以最大限度缩短暴露的时间,及时应用补丁。

尽管不同角色的偏好不同,漏洞披露还是有多种类型。负责任的漏洞披露遵循简单的工作流程,如表2-2所示。

表2-2 漏洞披露工作流程

1)漏洞识别	2)私密披露	3)私密调查	4)公开披露
研究人员,安全专业人员,也称0day识别	供应商或负责任的提供者通知	60~120天或更久	供应商公告、发行补丁,通知NVD

注:NVD是美国政府基于标准的漏洞管理数据库,使用安全内容自动化协议(SCAP)描述。这些数据有助于实现漏洞管理、安全度量和合规的自动化。NVD包括安全检查清单应用、安全相关软件缺陷、配置错误、产品名称和影响指标的数据库。值得一提的是,并非所有供应商都参与NVD和CVE(通用漏洞披露)的通知与分类。

从现代化的漏洞及对应的漏洞利用攻击出现起,重要的漏洞披露就涉及研究人员和供应商的紧密合作,以理解威胁、漏洞利用技术和修复策略的测试。毕竟,糟糕的修复措施可能导致其他漏洞,使情况变得更加恶劣。这是过去一直都存在的现象,有些情况下,修复措施甚至会导致功能性上的破坏。根据研究人员和供应商的合作情况,漏洞披露有如下多种选择。

- 自我披露——解决方案供应商公开报告漏洞。这通常是在补丁可用的时候,而不是简单地报告一个不可缓解的风险。

- 第三方披露——漏洞公告不是由供应商或负责任的技术所有者发布的。第三方披露通常是安全研究人员所为,但也有可能来自维基解密等非法获得漏洞利用信息的泄露释放源。公告方可能负责任地通知NVD或CERT等管理机构,也可能不通知。后一种情况往往是因为他们认为供应商动作过于迟缓,无法修复解决方案。

- 供应商披露——安全研究人员直接向供应商或责任方报告缺陷,而没有继续采用其他的方式公开披露。

- 全面披露——漏洞全面公开披露,这种情况可能发生在漏洞披露生命周期的任何时间点。

根据美国电信与信息管理局的建议,各组织和研究人员应该开发和维护漏洞披露策略(VDP)。VDP 是个人、组织和服务机构管控漏洞披露过程的负责任方法。VDP 策略应该包括如下内容。

- 安全声明——及时处理安全风险、以负责任的方式披露任何已知威胁的承诺,往往以服务等级协议的形式出现。

- 安全范围——对哪些技术适用于安全声明的专门陈述。除非明确签订渗透测试或其他安全评估活动的协议,否则内部系统一般不是第三方安全研究人员的"猎物"。

- 法律问题——如果在某个组织内部非法或者未经许可进行研究,研究人员将面临何种法律后果?这也可能适用于研究者企图逆向工程某个产品以揭示安全缺陷时的编译代码。供应商威胁说,如果出现这种情况它们将起诉安全专家,这通常也是研究中的一个危险现象。

- 沟通——VDP 应该提供一个清晰的安全沟通工具,不能影响到安全研究人员与某个组织的沟通。通常,这种沟通工具是公开的,并有控制提交和披露的规则,包括:

    ➢ 修复(补丁)下没有可公开披露的内容;
    ➢ 讨论的时间表以及何时可能需要延期;
    ➢ 符合指导方针以及付款条件的潜在奖励;
    ➢ 根据缺陷或基于其他研究人员的标准命名漏洞的权利。

- 所发现情况的升级——应当有处理任何已识别漏洞并确定修复优先级的内部规程。

遗憾的是,并不是所有研究人员都认同这些规程、VDP 指南或者公开披露的时间计划。例外情况、疏忽、供应商推诿和许多其他人性问题导致全球范围内都存在极度偏离这些政策与规程的情况。漏洞披露可以用负责任的方式管控,但很不幸,供应商并不总是信赖安全研究人员(或政府)。

第 3 章
威胁情报

每当一个组织执行风险评估时，它们都试图根据用户、资产、严重程度和位置考虑多种变量，并考虑加固、漏洞利用、漏洞、风险面、曝光度和维护等许多技术标准。如果要考虑所有可能的向量和方法，去真正地量化风险，人工建立完整的风险评估模型将是一项艰巨的任务。

一般来说，风险评估始于一个简单的模型（见图3-1），每个向量都会被记录，并指定一个风险后果。当我们应对多个风险向量时，可能会对结果进行平均、汇总、加权，或者与其他模型结合，得出最终的风险评分。为了使这个过程更高效、可靠，自动化和最大限度减少人为干预是首要的关注点。任何时候，只要将人的判断用于风险向量，结果中由于人们的基本意见和错误而导致偏差的可能性总是更高一些。这意味着在可靠的自动化数据很容易取得、用于解读，而不是只由用户进行判断和分配时，风险评估模型的受益最大。

风险矩阵	影响				
可能性	可忽略	较小	中等	明显	严重
极有可能	中低	中	中高	高	高
很可能	低	中低	中	中高	高
可能	低	中低	中	中高	中高
不太可能	低	中低	中低	中	中高
可能性极小	低	低	中低	中	中

图 3-1　典型的风险矩阵

第 3 章 威胁情报

在记录网络安全风险时，行业有多种广为人知的标准，我们前面已讨论了从 CVE 到 CVSS 等标准。这些标准的最新修订中，专注于网络安全的技术与环境特征，以及更为可靠的总体评价。CVSS 等模型旨在用来捕捉漏洞的两个明显特征。首先，它们提供一个以"基础"分数表示与弱点相关的固有风险。然后，组织可以按照这种模型，使用环境修正因子和时间修正因子来调整风险基准。环境修正因子用于通过检查各种资产发现漏洞的频率和严重性，来调整特定组织的风险。时间修正因子则用于调整漏洞实际被利用的可能性，这种可能性可能随时间的推移而变化。这两个修正因子可以结合使用，以说明特定的环境因素、漏洞利用、严重程度以及威胁情报，并作为风险评估的一部分。遗憾的是，虽然这些修正因子有助于确定与漏洞相关的"真正风险"，来更恰当地排定风险优先级、组织修复活动，但现实中许多组织由于复杂度和时间问题，并没有积极、持续地应用环境与时间修正因子评价机制。毕竟，为资产和漏洞指定修正因子是一个人工过程。此外，将风险分析仅限制在这些要素上，并没有考虑到其他多种因素，包括但不限于：

- 非商业漏洞利用工具套件中漏洞的存在和可用性；
- 外界发生了成功利用漏洞入侵其他公司的事件；
- 在监管规定范围内，漏洞与特定控制目标之间的关联；
- 根据用户行为、缓解控制和组织检测能力发动攻击的可能性与检测。

例如，一个应用程序可能有漏洞。它可能有一个 CVSS 评分和来自制造商的安全补丁，且风险评分在沟通结果时是一致的。这样的情况符合预期。应用程序使用、针对漏洞的纵向市场、0day 漏洞利用等用户行为特征都是风险评估中必须考虑的威胁情报数据，只有掌握它们才能真正地理解威胁。

举个例子，考虑一下最近爆发的 WannaCry 勒索病毒，这个病毒基于"永恒之蓝"（EternalBlue）漏洞利用程序和"双脉冲星"（DoublePulsar）后门植入工具。从漏洞利用的角度来看，它代表着最高级、最极端的风险。从第一天就是这样，今天依然没有改变。不过，如果没有威胁情报，就无法理解它在今天对组织的真正威胁是否与 2017 年通过企业网络传播时一样大。这个病毒的风险没有改变（CVSS 漏洞评分相同），但由于发现了这个勒索软件的自毁机制并在互联网上进行了实施，就阻止了它以蠕虫的方式传播，真正的风险也就降低了。传统的漏洞评估解决方案没有考虑这一点，在实际的威胁大幅升高的时候仍然提供相同的评分。基于 Intel 微码的"熔断"（Meltdown）和"幽灵"（Spectre）漏洞利用也是如此。

在本书编写的时候，它们的 CVSS 评分为 5.6（最低 0 分，最高 10 分），但人们实际感受到的威胁显然更高。这就引出了一个问题，到底是炒作、现实还是未来真正需要关注的风险？RowHammer 攻击因其利用的特性，实际上可能被认为是更大的威胁。

威胁情报不仅仅是不断更新的用户行为、外界的实时威胁、主动漏洞利用数据和临时数据。当它与来自您的组织和纵向市场的相关信息结合时，它就能实现最大的价值，剖析风险与威胁，这与样本矩阵中的风险影响/可能性对比很相似。威胁情报根据外界和其他组织内部的活动，帮助定义矩阵中的"可能性"数据，而传统技术度量则定义"影响"。

具有针对应用程序、用户和环境风险的成熟方法的威胁情报，为增强漏洞数据提供了基础。如果您可以估计脆弱应用程序风险、应用程序使用情况（用户行为）和威胁情报（漏洞利用），就可以用自动化、连贯的方式报告风险的所有特征。这就以现实世界的问题以及使用信息技术实施日常业务工作时您的用户与资产面对的威胁为基础，建立了一个随时间变化的视角。图 3-2 演示了来自示例环境的此类映射。表中列出了影响/风险与资产漏洞/已知利用的对应关系（以括号中的数字表示）。它根据当前的时间参数进行处理，以确定组织中的最高风险（与威胁）信息，并提供包含威胁情报需求的视图。

		风险			
		本地特权	本地非特权	远程特权	远程非特权
影响	高	1 (0)	7 (1)	6 (0)	18 (5)
	中		3 (0)	8 (0)	15 (3)
	低		24 (0)	7 (0)	29 (3)

无CVS得分：42 (5)

带有漏洞的资产（带有漏洞的资产具有已知的漏洞利用程序）

图 3-2　漏洞数据与利用的风险矩阵

供应商往往与行业标准模型绑定或集成，并实施专有（有时候是专利）的威胁分析技术。这些技术可以单独运行，也可以集成到更广泛的风险报告与威胁分析解决方案中。在进行安全投资时,理解这些解决方案如何融入您的总体安全计划,是非常重要的。研究漏洞与风险信息时,应该事先制定计划,并了解这些数据的适用范围与使用方式(包括 SWOT 分析),或许还要考虑如何跨解决方案和跨组织共享这些数据。威胁分析或者威胁情报不是本书的重点,但重要的是承认在通用框架、标准和社区项目中已经有了很多进展,它们可能适用于您的环境和漏洞管理计划:

- CybOX——网络可观察表达式(Cyber Observable eXpression);
- CIF——集体智慧框架(Collective Intelligence Framework);
- IODEF——事件对象描述与交换格式(Incident Object Description and Exchange Format);
- MILE——托管事件轻量交换(Managed Incident Lightweight Exchange);
- OpenIOC——开放失陷指标框架(Open Indicators of Compromise framework);
- OTX——开放威胁交换(Open Threat Exchange);
- STIX——结构化威胁信息表达式(Structured Threat Information Expression);
- TAXII——指标信息的可信任自动化交换(Trusted Automated eXchange of Indicator Information);
- VERIS——事件记录与共享词汇表(Vocabulary for Event Recording and Incident Sharing)。

显然,为了实现有意义的威胁分析,各个组织需要一组核心安全工具为风险分析提供基本要素。漏洞可见性提供了丰富的信息,以推动更好的威胁分析,理解这一点很重要。此外,威胁分析也提供了丰富的信息,能够更好地理解风险并改进修复措施。在制定漏洞修复计划时,请检查整个安全栈去了解应该在何处、以何种方法集成这些数据,并从投资中提取尽可能多的价值和知识。这些数据绝不应该成为组织中的孤岛。此外,组织应该考虑通过外部资源和服务提供商,来扩大内部数据和威胁来源,以填补空白,并尽可能地帮助定位"真正"风险。这也是一种情报。

第4章 凭据资产风险

您愿意为保护密码免遭盗窃花多少钱？如果真的能保障所有密码的安全，您还会像担心漏洞和漏洞利用那样，担心权限攻击吗？我认为，大部分高管与安全专业人士都会投入合理的资金来实现这种保护，但资产保护不仅仅是安全补丁和配置。一个遭到入侵的特权账户可能随时会给组织带来短期影响和名誉损失。如果您需要证实这一点，那么可以考虑一下最近在 Equifax、Duke Energy（基于一个第三方软件供应商）和 Yahoo 发生的攻击事件。每个事件都影响了公司的股价、高管的奖金、收购条款，甚至影响到基本业务的能力，如按时接收付款等。

泄露的权限密码在暗网上确实有供威胁行动者购买的货币价值，而且也会给组织带来一定的风险成本。

如果密码泄露，以及它所保护的内容暴露在光天化日之下，又有什么样的价值和风险呢？这也可能影响某个漏洞的评分。个人识别信息（PII）数据库很有价值，如果卖给合适的买家（或政府），蓝图或商业秘密的价值就更高了。我的观点很简单：特权账户有一定的价值（有些账户的价值非常高），问题并不总是在于如何保障它们的安全，而是首先应该确定它们在哪里。那么，如何发现特权账户，并评估其风险呢？漏洞管理解决方案有这种能力，您只需要知道在哪里查看这一信息就行了。如果您还没这么做，那么它就是任何现有漏洞管理流程的自然延伸。

漏洞评估解决方案能够对操作系统、应用程序和数据库执行用户枚举。在这些数据中，结果应该包括账户及其创建日期、最后登录日期、密码使用时长以及账户所属组——包括管理员组或根。这些扫描结果通常为漏洞评估团队所忽视，但对于试图评估特权账户暴露风险的安全团队来说很有价值。如果您能发现特权账户存在的地方，就可以评估其风险，然后监视其使用情况。任何不正当的访问都可以用日志管理或 SIEM 系统突出显示，并适当上报以进行调查。这就扩展了我们一直在讨论的过程和规程，并最大限度地利用了收集的数据。

并不是所有特权账户都是一样的。有些账户的价值很小，另一些账户的价值则要高得多，这取决于风险。域管理员账户的价值高于拥有唯一密码的本地管理员账户（尽管后者足以被未来的横向移动所利用）。对每个特权账户以一视同仁的方式管理并不是保障资产安全的好办法。您可能会对数据库管理账户和使用 ODBC 完成数据库报告的受限账户使用相同的参数管理。虽然两者都是特权账户，但拥有数据库全部权限和仅拥有提取数据的权限不是一回事。确实，两者都是可能引起漏洞的致命攻击向量，但前者是您得到的最高级别的权限。因此，威胁行动者可能长期潜伏（如果攻击者足够恶劣和狡猾），直到组织发现漏洞。

所以，现在我们要讨论学术上的问题了。您应该采取如下措施，将凭据与权限提升到更高的水平，以此作为漏洞管理计划的一部分。

- 识别环境内部"皇冠上的珍珠"（敏感数据和系统）。这将有助于形成风险量化的主干。如果您目前还没有这么做，那它就是值得一试的工作。

- 用漏洞评估解决方案、免费解决方案（有大量此类方案）或者通过专用的权限解决方案，发现您的所有特权账户。

- 将发现的账户与敏感数据和系统对应起来。这可以根据主机名、子网、活动目录查询、分区或其他基于业务功能的逻辑分组进行。可以在漏洞管理解决方案中将其标示为"危急"。

- 评估资产风险。这可以用基本的严重/高/中/低分级，但也应该考虑"皇冠上的珍珠"的存在和任何其他风险向量（如漏洞）。每个指标都有助于计算资产评分。如果您正在寻找标准化的起点，可以考虑 CVSS 和环境指标。

- 最后，覆盖发现的账户。资产风险有助于确定特权账户（通过漏洞）遭到入侵的可能性，并有助于确定账户映射之外的资产修复优先级。

在现实世界中，包含敏感信息的数据库可能时不时（补丁周期之间）地出现少数的严重漏洞，当它们出现时，不管识别的是哪些账户，都应该将其视为严重风险。当发生补丁修复时，如果权限访问未受管控，资产就仍处于高风险之中；如果权限受到会话监控和访问控制，风险将下降。高危风险可能来自漏洞，或者不受限制、不受管控和未授权的访问，以及可利用漏洞的攻击向量。因此，特权账户（尤其是未受保护且使用陈旧密码、可猜测密码甚至默认密码的账户）是另一种必须进行风险缓解的资产。

第 5 章 漏洞评估

漏洞评估是评估组织内计算机、应用程序和设备等存在的漏洞所带来的风险的过程。漏洞扫描的结果提供对潜在攻击面的认识，黑客可能利用这些信息非法访问系统、应用程序和数据。为了收集此类信息，组织可以选择进行主动漏洞扫描、被动漏洞扫描或者混用这两种技术。在执行主动漏洞扫描时，不管是补丁评估还是合规验证，都有两种执行漏洞评估的方法论。一种方法论的原理是渗透系统来证明其存在漏洞，另一种则是利用现有信息推测漏洞状态。长期以来，这两种扫描技术的优势和潜在缺陷一直存在争议。总之，由于漏洞评估扫描程序可以模拟攻击，这两种方法都反映了入侵主机的方式。

5.1 主动漏洞扫描

主动漏洞扫描要求远程扫描软件与网络节点建立连接并通信。此时，漏洞扫描程序向各网络节点发送数据，检查响应并评估特定节点是否代表着网络中的弱点。网络管理员还可以使用主动扫描程序来模拟网络攻击，发现潜在黑客可能找到的弱点，或者在攻击后检查节点，以确定黑客破坏的方式。主动扫描程序可以采取措施自主解决安全问题，例如与其他解决方案集成，拦截潜在的危险 IP 地址。

5.2 被动扫描程序

被动扫描程序可以识别整个网络中的活跃操作系统、应用程序和端口，通过监控网络活动来确定漏洞的存在。它们通常使用端口镜像、内联网络分流器或端口映射实现。虽然被动扫描程序可以提供关于漏洞的信息，但无法采取措施自主解决安全问题，因为它们只是监视网络流量。被动扫描程序可以通过监听网络上的非加密流量，分析端口与 IP 地址通信，检查联网设备上的当前软件与补丁版本。这可以表明哪些设备正在使用为黑客提供潜在网关的软件，以及哪些设备正在使用工具将这些信息交叉连接到包含已知威胁和当前补丁列表的公共数据库。网络管理员可以设置被动扫描程序持续运行，或者在特定间隔运行，主要目的是被动地"监听"网络流量，来隔离可能有漏洞的应用。从概念上讲，这类似于 IDS/IPS 解决方案，但不寻找主动威胁，而是以演绎法确定是不是存在潜在风险。而且，与 IDS/IPS 解决方案不同的是，被动扫描解决方案通常不会与所有网络流量发生联系，只是嗅探这些流量。

5.3 侵入式漏洞扫描

侵入式扫描的支持者指出，漏洞利用攻击脚本无处不在。他们认为，通过使用与潜在攻击者相同的方式攻击系统，最容易得到准确的结果。在许多解决方案中，将这种扫描方法归入"不安全漏洞检查"或者"由渗透测试解决方案执行的漏洞评估"。

毫无疑问，这种"打砸抢"方法有一定的优势。通过使用自动化攻击脚本，能证明设备易于遭到攻击，最终可能被入侵。然而，使用这种方法的问题在于，审计跟踪不完整，可能造成比答案更多的问题。例如，互联网上的许多攻击脚本都有缺陷，可能以漏报的形式导致安全错觉。

也就是说，即便目标系统真的存在可利用的漏洞，这些攻击脚本也无法按照预期来运行。由于质量不佳的脚本造成渗透测试失败，可能带来虚假的安全感。使用包含侵入式脚本的漏洞评估工具可能是有害的，因为它们使系统暴露在正常情况下不会被利用的漏洞攻击之下，甚至产生更恶劣的后果——使关键业务功能无法正常运行。"打砸抢"式的漏洞测试倾向于在攻击期间禁用服务。这意味着当某个服务遭到攻击时，该服务可能无法正常使用，整个网络可能瘫痪，可能出现蓝屏现象，更糟糕的是，攻击可能渗透到网络中为真正的攻击创造新的风险。

最后，反对"打砸抢"式测试的最有力的论据或许是，它造成了测试环境的恶化。攻击脚本直接攻击一个正在审计中的系统，可能使其进入某种未知状态——甚至完全禁用系统——使远程系统不能用于进一步的测试，几乎消除了从未来的测试中获得该设备详细漏洞报告的可能性。别误会，渗透测试工具其实很有用，但正确使用它们需要时间和专业知识。它们可能使目标系统陷入不可用的状态，而且只能覆盖已知漏洞的一小部分，因为这些工具必须拥有可靠的漏洞攻击代码。对于大部分商用渗透测试工具而言，它们能覆盖的漏洞大约只占近年来微软Windows操作系统发布的所有漏洞的10%。最后，"不安全"的漏洞评估审计可能导致账户锁定之类的问题，使资源在评估后容易遭到其他攻击向量的侵害。由于这些风险，将侵入式扫描应用在生产系统上是不太可取的。

5.4 非侵入式扫描

　　训练有素的攻击者往往选择尽可能多地获取目标的相关信息，运用演绎逻辑发现组织内部和信息技术资产中的潜在弱点。支持这种隐秘、流畅攻击方法的人依赖于来自网络化系统的丰富信息，并基于可用数据的逻辑联系与假设，推断出更多的信息。这包括从社会工程到了解企业所依赖的应用程序和供应商的一切手段。有了这些信息，已知漏洞和弱点就很容易成为攻击者试图利用的目标。

　　与侵入式扫描技术不同，信息技术管理员可以利用非侵入式测试，在出现问题之前定位潜在的风险系统。通过执行非侵入式测试，企业可在进行全面漏洞评估时避免服务中断。攻击者利用类似的技术，温和地探测漏洞，而不造成系统停机，也不会惊动IPS、IDS和防火墙的警告传感器。组织可以使用相同的非侵入式技术收集大量信息，并遵循最佳实践剖析漏洞数据，确定环境风险。这一过程往往循环进行，进一步完善和强化。同样地，这一过程也用于验证修复工作是否成功，漏洞是否不再成为威胁。弄清整个架构的全貌，企业就能更好地识别网络、公司策略中的弱点，主动地预防入侵和业务中断。

　　毫无疑问，非侵入式扫描提供了可量化的好处，风险也明显小于侵入式扫描。大部分组织都缺乏正确管控侵入式渗透测试方案的能力，尤其是那些缺少备份测试网络的组织。如果审计人员不够谨慎，侵入式扫描造成的潜在破坏可能超过实际检测带来的好处。而且，非侵入式扫描提供的全面审计与修复踪迹，将以更快的速度建立可靠、加固强化的基础设施。利用可量化、可重复的结果，结合明确的行动计划，可以补救漏洞，并且对任何补丁评估和合规要求都有帮助。

　　选择非侵入性测试的底线很简单。请考虑下面这句话：**除极端情况以外，定**

位漏洞并修复它远比证明其可利用性重要。因此，管理员和工程师在保护关键资产的时候，并不需要将它们置于可能导致破坏的测试之下。及时、准确地为网络支持人员提供关于现有漏洞的信息，可以大大缩短修复时间，并准确地评估安全状态，而不会造成不必要的安全风险或业务中断。与所有安全过程和合规工作一样，这种测试应该经常重复进行，以保证管理员了解组织当前网络漏洞状态和威胁等级。基于其理念和可靠性，非侵入式漏洞评估扫描已成为全球漏洞管理计划和法规的行业标准，用于识别和报告组织内任何潜在风险。

5.5 漏洞扫描的局限性与不足

虽然漏洞扫描程序有助于网络安全工作的开展，但它们不能取代经过专业培训的经验丰富的人员。扫描程序可能返回误报（指出不存在的弱点）和漏报（忽略安全风险）结果。专业的人员必须认真检查扫描程序返回的数据，从而发现错误结果。扫描程序完成的威胁评估仅基于其已知风险的数据库，无法根据发现的数据推断出黑客用于攻击网络的新方法。

非侵入式扫描的其中一个重要缺点是在扫描后，信息分析的方式存在问题。侵入式系统在针对性攻击后立即提供结果：成功或者不成功，可攻击或者不可攻击都能得知。而非侵入式解决方案需要将结果进行关联分析，并与检索到的数据交叉对比。它需要可靠的报告、分析和修复流程，才能将这些结果转化为实际的业务收益。扫描工具如果仅提供冗长的漏洞列表，而没有相应的细节和纠正措施，往往会使修复过程变得复杂。因此，在一个合格、健全的漏洞管理计划中，漏洞评估只是许多步骤中的一个。仅仅获得漏洞信息是不够的。

最后，漏洞扫描可能占用大量带宽，从而降低网络性能。当针对每个网络节点进行数万次检查，且同时需要对多个目标进行扫描时，带宽的消耗将会呈线性增加。一旦找到漏洞，就必须确定其优先级并进行处理——修复或避免受到潜在攻击。从这个角度看，组织内部的漏洞管理计划必须与其他内部流程（包括补丁与配置管理，通常由运营团队管理）协同进行，以合理地使用网络资源，因为同时进行大规模的补丁部署与评估可能会使网络瘫痪。因此，这需要进行合理规划和团队协作。

第 6 章
配置评估

近年来，越来越多的法律监管规定组织必须证明，保存于它们的系统以及通过外部各方提供的信息具有保密性、完整性和可用性。看到充斥于各种白皮书、网站和其他文章的 PCI、HIPAA、SOX、CIS、NIST、ISO、CIS、COBIT、FISMA 和 FDCC 等术语，您一定头晕脑胀。与许多安全专业人士一样，我们不是审计人员，也不是律师，但每周都会遭到这些缩略语的狂轰滥炸。是不是觉得眼花缭乱？

上面列出的缩略语可以粗略地分为三类（或者三组）：法规、框架和基准。它们有助于组织实现合规与安全目标。在某些情况下，这三个类别之间的界限可能很模糊，但了解它们的目的和彼此之间的关系，就能帮助您理解如何将这些指南相互结合，支持整体的安全与合规计划。

6.1 法规

法规是由政府行政机构制定、管理和公布的法律限制。法规通常不详细规定如何执行、配置或管理 IT 系统，但明确指出了安全与合规计划必须实现的目标。我们将在后面的章节中讨论的法规包括萨班斯-奥克斯利（Sarbanes-Oxley）法案、HIPAA、GLBA、巴塞尔协议 II（Basel II）和 GDPR。PCI DSS 等标准使得法规的定义更加复杂。许多政府和私营企业现在都必须符合支付卡行业（PCI）数据安全标准（DSS）的规范。这一标准概述了一套国际安全要求，旨在保障信用卡持卡人数据的安全并确保交易安全。为了符合 PCI DSS，组织还必须执行被称为"验证需求"的步骤，其中包括每季度使用 PCI 认可的扫描供应商提供的工具进行漏洞扫描。这一标准不是由政府提出的，而是由信用卡行业自身制定的，模糊了规章与强制要求之间的界限。这通常也是人们感到疑惑的地方。

6.2 框架

框架为项目的组织和开发提供了明确定义的支持架构。设计框架是为了向组织提供一个完整的安全计划。实现这些框架可以支持多种法规的目标，它们往往会推荐安全加固最佳实践或者基准来进行技术保护。框架的示例包括 ITIL、COBIT 和 COSO、NIST800-53 和 ISO 17799/27002。需要注意的是，NIST 和 ISO 这样的框架常常因为被纳入合同或其他标准中而被错误地称为法规。在这种情况下，它们的确成了法规，但作为单独的材料，它们并不是法规。合同或者其他载体让这些框架成为强制性法规，超越了它们所描述的最佳实践和安全要求。是不是更疑惑了？

6.3 基准

基准往往用于度量和监测与安全及 IT 基础设施相关的常见要素（称作"通用计算机控制"）。基准概述了一组准则（其中一些可能是强制性的）、自愿性指南和最佳实践。框架提供了笼统的目标，而基准则为测试和设置提供了规范性的指南，这些测试和设置应该用于强化 IT 环境，并保护 IT 资产抵御特定风险。基准是对法规和框架的补充，可消除人们的疑惑。典型实例包括来自 CIS、SANS 和 DISA 检查列表中的供应商和客户的最佳实践。这些配置方式帮助您的系统变得更有弹性。表 6-1 概述了来自公认权威机构和主流供应商的主要基准。

应该注意的是，并非所有的安全强化检查列表和基准测试都是相同的。每个基准都有不同的用例，从面向公众的非敏感信息，到关键任务的非常敏感的数据。根据不同的环境，您必须选择正确的基准，并确保对主机加固不会破坏应用程序或任务的完整性。经验法则是，总是尽可能严格地加固资源，但仍然提供可用性、管理和灾难恢复用例，以便在您的内部协议中运作。

6.4 配置评估工具

假设您所在的一家大型航空公司、集团企业甚至地方政府，拥有数千个系统，且在配置上应该完全一致。这些系统可能是航空公司的自助登机办理机、客服支

6.4 配置评估工具

持中心，也可能是具有台式机和笔记本电脑标准映像的国家或地方政府机构。您是如何（或曾经是如何）定期验证这些资产的配置的？

表 6-1 配置加固与测试基准

组织	名称	覆盖范围
CIS	互联网安全中心	操作系统（多种）、服务器软件、云服务供应商、移动设备、网络设备、桌面软件和多功能设备
	描述	由网络安全专家组成的全球性社区，协作制定保障最流行的技术实施的基准安全加固指导方针。值得注意的是，Red Hat 和甲骨文等许多供应商，以及 SANS 等安全组织，在制定最佳实践时都参考了 CIS
NIST	美国国家标准与技术学会	
FDCC（已废止）	联邦桌面核心配置	桌面操作系统（Windows XP 和 Vista）
	描述	联邦桌面核心配置（FDCC）是美国管理和预算办公室（OMB）强制规定的安全配置。FDCC 目前只适用于 Windows Vista 和 Windows XP 操作系统
USGCB	美国政府配置基线	操作系统（Windows XP、Windows 7、Windows Vista 和 Red Hat 5）、微软浏览器、防火墙和虚拟机
	描述	USGCB 倡议的目的是为联邦机构范围内广为部署的信息技术产品建立安全配置基线（基准）。该标准是联邦政府范围内的倡议，为各机构改善和维护主要着眼于安全的有效配置提供指南
STIGS（DISA）	安全技术实施指南	操作系统（多种）、服务器软件、云（私有和公有）、移动设备、网络（基础设施）解决方案、桌面软件和多功能设备、应用程序
	描述	STIGS 是美国国防部（DoD）信息保障（IA）设备与系统的配置（基准）标准。STIG 包含"锁定"信息系统和软件的技术指南，如不采取这些措施，系统与软件可能因为配置不当而遭到恶意攻击
MS	微软	操作系统（微软桌面端和服务器）和微软应用程序
	描述	微软提供了经过测试、完全支持且可立即部署的策略和配置包。基线以微软安全指南建议和行业最佳实践为基础，用于管理配置漂移、满足合规性要求并减少安全威胁
VMware	VMware	VMware Hypervisor（vSphere、NSX 和 vRealize）
	描述	VMware 安全加固指南为客户提供了如何以安全的方式部署和操作 VMware 产品的规范性指导。vSphere 指南提供了基线分类和风险评估的检查表与脚本

尽管听起来很简单，但手动检查所有系统是完全不可行的，使用基于代理的

第 6 章　配置评估

技术或专用的配置合规扫描设备是定期验证单个系统设置的唯一选择。这些解决方案非常昂贵，安装、配置和维护都是十分耗费人工的活动。简单的配置评估问题实现起来却十分复杂。

微软等供应商已经发布了针对它们自己软件的解决方案。早在 2010 年微软就发布了安全合规管理器（SCM），允许您从微软自己的最佳实践指南（或者其他第三方解决方案）中导入安全配置基准，并通过交互式界面审核这些配置。

您可以用 SCM 界面选择某个操作系统或应用程序，并按照系统角色审核各推荐的安全配置。用户可以进入任何一个设置中并更改以满足其企业策略。这一过程听起来有些烦琐，不过用户只需为每个必须遵循的配置模板进行一次操作。大多数情况下，企业策略与这些设置相匹配，类似于 CIS、DISA（STIGS）和 USGCB（NIST）发布的标准。通常只需要做一些小改动，如果您不确定选择哪些设置，微软为每个设置值提供了清晰的指导，便于您做出明智的决策。

完成所有编辑之后，您只需要点击几下，就可以用无代理网络扫描程序或者本地 SCAP 兼容代理执行配置合规性评估。这是最近几年来才能用开放标准完成的操作。微软已经为 SCM 增加了将所有设置导出到一个经过认证的 SCAP OVAL CAB 文件中的功能。保存该文件后，您就可以将基准导入自动化配置评估工具中进行资产验证。

6.5　SCAP

安全内容自动化协议（SCAP）是一套开放标准，这些标准结合在一起，为网络资产提供自动化的漏洞管理、度量和策略合规性评估。该标准的第一个版本专注于标准化终端相关数据的通信，并提供维护企业系统安全的标准化方法。它提供了一种标准化方式来识别、表达和度量安全数据的手段，这样来自多个供应商的产品可以消费或产生 SCAP 内容，进行安全信息的关联。SCAP 规范中的每个标准都是单独维护的，并且都有特定的版本号。例如，SCAP 1.0 包含如下标准：XCCDF 1.1.4、OVAL 5.3、 CCE 5、CPE 2.2、 CVE （无版本号）和 CVSS 2。随着规范的发展，后续版本包含每种规范的新组件和版本。下面是自首次发布后历次修订的概况。

- 1.1 版本将开放检查清单交互语言（OCIL）纳入规范，并修改规范以遵循

OVAL 5.8。OCIL 是一个新组件,它定义了一组用户必须回答的问题,以及解读问题答案的对应程序的框架。OCIL 是作为 IT 安全检查清单的补充而开发的,并不仅限于 IT 安全。它允许进行评估,并输入无法通过电子方式观察到的重要信息(例如,服务器机架门上有没有锁)。然后,将这些信息与评估结果保存在一起,以获取资产安全的更全面的信息。

- 1.2 版本引入的新功能和升级功能增强了该规范,这些功能包括通用配置评分系统(CCSS)、资产标识与资产报告格式(ARF),扩展了数据流模型,并提供了实用安全自动化数据信任模型(TMSAD)保障和签署 SCAP 内容与结果的选项。该版本还更新了对所包含规范的新版本的支持,包括开放漏洞与评估语言(OVAL)、通用平台枚举(CPE)和可扩展配置检查清单描述格式(XCCDF)。

- 1.3 版本是该规范的增量改进,现在包括资产标识(AI)1.1 和软件标识(SWID)标签 2015 的附加组件。AI 规范提供了根据已知标识符或资源相关信息唯一标识资产的必要参数。SWID 规范由 ISO/IEC 19770-2:2015 标准定义,提供了盘点软件库存清单的重要步骤,并为组织提供了透明的跟踪资产上所安装软件的方法。这是对其他既定组件的递增版本变化之外的补充。

SCAP 目前为止最常见的两个实现方式是漏洞评估和配置合规。使用 OVAL 定义,SCAP 兼容(认证)解决方案可以提取包含漏洞签名或者配置基准检查的 XML 文件,并为不兼容的系统执行本地或基于网络的评估。该产品将扫描结果保存为 OVAL 和 XCCDF 格式,并在生成的 XML 文件中使用标准命名法引用 CVE、CCE、CPE 和 CVSS 描述发现的情况。这一过程本质上是用 OVAL 定义检查类型与 SCAP 定义,运用 XCCDE 定义了如何应用和报告这些检查,无论使用什么产品,结果的内容都包含相同的参数。这使得 SCAP 认证产品之间的互操作性成为可能,从 OVAL 内容创建、最终结果的报告到数据库存储都是如此。

第 7 章 风险度量

IT 安全显然是当今的关键业务问题。"威胁"和"攻击"这两个词语被经常使用,仿佛它们就是等待着每个组织基础设施的恶魔。实际上,威胁有许多种类,攻击的模式也很多,并且它们可能来源于组织内部和外部。

IT 环境中的漏洞可能给您的业务运营造成巨大破坏。这些常见的弱点可以被各种外部和内部的威胁利用,这些威胁范围很广,从怀有恶意的个人和"激进黑客",到黑客犯罪集团和国家机构。始终在线的商业服务、云计算以及法规依从性的要求,更强调了主动应对漏洞的必要性。因此,设计和实施全面的安全管理策略至关重要,以确保业务持续性,并最大限度地减小组织内的整体风险。而漏洞管理就是总体风险计算中的一个关键变量。

$$风险 = 影响 \times 可能性$$

其中,风险是组织受到潜在事件威胁的程度;影响是某个事件造成的预期伤害的量级;可能性是威胁事件发生的概率。

风险评估流程是根据事件发生的可能性和影响,来排定风险的优先顺序。但是,为了清晰地理解"影响"和"可能性",我们必须深入挖掘,这正是漏洞管理带来的帮助。

事件本身的影响多种多样,可以包括:

- 专有信息的丢失;
- 系统可用性丧失;
- 数据或应用程序的丢失或损坏;
- 生产力下降;

- 违反法规要求；

- 客户关系/品牌形象受损。

事件的总体影响是资产关键性与威胁形势变化的函数。资产的关键性取决于依赖其存在和正确运行的应用程序或其他服务。威胁是对某个资源潜在危险的度量，威胁根据用户定义的标准和/或系统角色被视为价值目标。威胁本身是多种因素的结果，包括威胁来源、攻击发生的可能性和成功的概率。估算实际威胁时，组织可以结合使用定性与定量的数据。有关攻击可能性的经验与统计数据，是威胁的良好指标。在这方面，安全团队应该关注企业环境中的各种资产是如何被暴露在威胁下的，以及什么类型的威胁将挑战其执行业务功能和保护数据的完整性。安全团队还应该衡量系统遭到某种攻击的开放程度。这种暴露可以基于开放端口、共享、服务以及主机所包含用户的数量；可以是防火墙或杀毒软件等保护措施的缺失；也可以是存在任何非法或非必要应用程序。

风险方程中的"可能性"是漏洞与风险缓解活动的函数。这里所说的漏洞，代表着整个组织的 IT 环境中发现的漏洞数量与严重程度。衡量标准基于主机上缺乏合适的补丁维护，或者与当前企业安全策略和最佳实践的相关合规性等因素。缓解措施是用于消除或减少漏洞相关风险的控制手段。

本书后文将会讨论几种风险评估框架，它们实现了这些风险估算的概念，并将其与组织的整体风险管理计划进行了整合。根据对商业术语的技术性翻译，组织可以从原始数据到对业务的影响直接了解资产的安全态势。现在，我们用一个简单的类比来帮助读者理解这种风险管理方法。将您的环境中的每种资产看成一个城堡，如图 7-1 所示。它的结构、防护措施、位置和其中的财宝都是即将来临的攻击所考虑的因素。城墙保护着保存金银财宝（数据、业务运营等）的密室。各路军队（黑客、蠕虫等）企图攻破城墙，突入密室以获得财宝，或者破坏城堡的正常运转。在这种情况下，安全向量的定义如下：

漏洞表明了攻破内部密室的难易程度，以及获得金银财宝有多简单。

- 攻击由弓箭、炸弹以及破坏城墙与内部密室的各种尝试代表。

- 暴露程度表示城墙与缺口可能遭到攻击的程度，以及城墙外围的保护情况。

- 威胁是潜伏在城堡周围山坡上准备进攻的军队。

在这三个向量之上，是城堡本身的重要性；换言之，这个城堡和内部密室对帝国（您的组织）的价值有多大。其中包含的数据可以用信息经济学来度量，也就是这些数据作为一项资产的货币价值，无论它是在内部使用还是被盗窃、出售或交换。

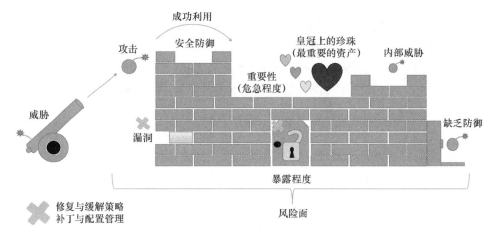

图 7-1　以城堡的形式描绘风险管理

现在，您已经看到了，在检查与评估"皇冠上的珍珠"有关的总体风险时，漏洞是一个基本要素。那么，以手指天，是不是与您攻击自己漏洞的方式有点类似？如果是，您并不孤单。您已经完成了一项扫描，发现了数千个漏洞，现在怎么办？您必须迅速找出最严重的威胁，并为最容易遭到攻击的系统打上补丁——可是该如何做呢？

并非所有漏洞都是一样的。如果要确定最危险的漏洞，就不能停留在 CVSS 评分上，而必须更深入地挖掘。了解是否存在漏洞利用，哪些可以被远程或者具备特权的人利用，是否有利用这个漏洞的活跃的恶意软件，以及是否可通过补丁或配置来更改修复漏洞，都是您确定风险前需要的答案。让我们来看一看，如何对不同系统、不同公司的漏洞进行评分和对比，以确保合理排定风险优先级，并适当地分配修复任务。开始这项工作的基础是描述漏洞的行业标准。

7.1　CVE

通用漏洞披露（CVE）是美国联邦政府资助的非营利组织 MITRE 于 1990 年

发起的一个项目,用于识别和分类软件(应用程序和操作系统)与固件中的漏洞。组织可以使用这个漏洞信息源来改善其安全性。"通用"(common)一词是该标准中最重要的部分。它让您知道,所有的工具、文章和解决方案讨论的都是相同的基础漏洞。

组织确定受已公布的软件缺陷(包括那些缺陷造成的潜在漏洞)影响的信息系统,并将这一信息报告给负责信息安全的人员。与安全相关的软件更新包括补丁、服务包、热修复和防病毒特征等。组织还要修复安全评估、持续监控、事件响应活动和系统错误处理期间发现的缺陷。与 CVE 数据库相关的是通用弱点枚举(CWE)框架,该框架提供了一种报告软件中漏洞类型的通用方法。组织利用 CWE 或 CVE 数据库等可用信息源,修复组织信息系统中发现的缺陷。

7.2 CVSS

供应商和监管方最常使用的漏洞评分系统是 CVSS(通用漏洞评分系统)。它提供了中立的开放评分标准,用于模拟漏洞严重程度,并为修复工作的优先级排定提供指导。基本的衡量标准允许根据漏洞组成部分(如访问向量、访问复杂度和认证方法等)的严重性进行评级。

CVSS 基本评分之外的关键组成部分是时态度量指标。这些指标代表三个与时间相关的漏洞描述符。

- 可利用性提供了评估特定目标系统中利用漏洞的复杂性的度量。该指标针对的是具体的漏洞。
- 修复级别提供可用修复措施的可行性,它可以是官方安全修复,也可以是没有可用解决方案。
- 报告可信度衡量的是对漏洞存在的信任程度,以及存在的可靠性。

请注意,时态度量指标只会降低 CVSS 总体评分,而不会提高评分。

可利用性指标在计算中最为重要。它用 4 个不同标准提供指导。

- 未经验证:尚无可用的漏洞利用代码(与时间有关)。
- 概念验证:评分时存在概念验证的漏洞利用代码。

- 可用：存在可用的漏洞利用代码。
- 可利用性高：可利用的代码是功能齐全的自主实施代码，也可以不需要漏洞利用代码即可手动触发。

这个指标允许根据漏洞利用的可能性，使用 CVSS 评分系统对漏洞进行评级。那么，为什么说它很重要呢？

漏洞风险评分不足以确定您的环境中修复工作的优先级。基本估算没有考虑到某人（或者某个事物）能否轻松地利用这个漏洞，缓解风险的难度，以及任何时候对所报告的漏洞的真实可信度，特别是与您的基础设施中的资产相关的漏洞。这就是 CSS 时态度量指标如此重要、可利用性指标对工作优先级至关重要的原因。这个指标不仅考虑了漏洞的严重性，还考虑了指定时间点您的环境中利用攻击威胁的真实性。

7.3 STIG

安全技术实施指南（几乎总是用 STIG 这个缩略语指代，读音类似于 *Top Gear* 节目中的角色"试替哥"）是美国国防部（DOD）信息保障（IA）及 IA 授权资产与系统的配置标准。STIG 包含加固信息系统与软件的技术指南，以避免它们遭遇基于默认或通用设置的计算机恶意攻击。这些指南都属于基准的范畴。

STIG 以文档的形式存在，但也适用于特定的平台和应用程序、脚本及 INF 文件，根据其用例和任务来加固应用程序。例如，作为 Web 服务器和域控制器使用的 Windows Server 有不同的 STIG，在公共网络和机密网络上的资源也是如此。

特定 STIG 中的每个加固建议都带有一个风险严重性类别，可以根据合规设置和不合规设置的数量来评估风险。Ⅰ类违规是不可接受的，设备必须立即进行缓解风险的工作，否则将不被允许在 DOD 网络上运行。

漏洞管理供应商已将这些设置转换为配置基准设置，并允许对 STIG 进行自动化测试，以记录和确定合规性。值得注意的是，并不是每个 STIG 都能实现自动化，也不是所有平台都允许电子化检查。这就需要安全人员手动检查 STIG 要求，并可能要求他们使用 OCIL 兼容工具手动填写表格，作为 SCAP 标准的一部分进行认证。图 7-2 展示了一个漏洞管理解决方案根据 STIG 进行评估的 Windows Server 的合规检查输出示例。

Scan Summary	
Computer Name:	Serenity.Cricklewood.local
Target Platform:	Windows Server 2012 R2 Datacenter
Benchmark Title:	Windows Server 2012 / 2012 R2 Domain Controller Security Technical Implementation Guide
Benchmark Platform:	cpe:/o:microsoft:windows_server_2012:-
Profile:	I - Mission Critical Classified
Scan Time:	04/04/2018 09:26:25

Description	Items Passed	Failed
1 Unsupported Service Packs	1	0
2 Display Shutdown Button	1	0
3 NTFS Requirement	1	0
4 Legal Notice Display	0	1
5 Caching of logon credentials	0	1
6 Anonymous shares are not restricted	0	1
7 Bad Logon Attempts	0	1
8 Bad Logon Counter Reset	0	1
9 Lockout Duration	0	1
10 User Right - Act as part of OS	1	0
11 Maximum Password Age	1	0

图 7-2　STIG 基准评估的 SCAP 输出示例

因此，这些数据可以根据资产配置排定其风险优先级，并结合操作系统、平台和应用程序的漏洞评估结果，以确定整体安全态势。

7.4　OVAL

漏洞评估的难点之一是，对于同一个漏洞和 CVE，每个供应商都有不同的签名（审计）。这导致了一些误报和漏报，而实际上你所希望的是不管选择哪家供应商，检测结果都相同。大多数时候，一切都很顺利，但有时不同产品之间会产生差异，这就是 OVAL（开放漏洞与评估语言）起作用的地方。

OVAL 最初是 MITRE 推出的，现在由 CIS（互联网安全中心）管理。它是 SCAP 的基本组件，是编写漏洞与配置加固签名的开源、免费标准。根据这种语言的设计，任何工具都可以使用 OVAL 以相同标准检测漏洞，并获得相同的结果。本质上，它为所有供应商在寻找漏洞方面提供了公平的竞争环境，但遗憾的是，由于缺乏对各种技术的全行业支持，它的支持范围有限。漏洞管理供应商继续通过使用专有的检查和扫描引擎，来差异化其解决方案，在监管合规活动要求提供 SCAP 格式的输入输出时，才用 OVAL 补充其评估结果。虽然 OVAL 提供了漏洞度量的标准化手段，但由于它缺乏各种特性、平台支持和技术检查，使用者主要是出于认证目的的 DOD 客户和相关的政府实体。

7.5　IAVA

信息保障漏洞警报（IAVA）是美国国防部和国防信息系统管理局（DISA）以警报、公告和技术咨询等形式发布的计算机应用软件或操作系统漏洞通知。这些经过挑选的漏洞是所有 DOD 网络和资产上必须修复的强制基准。美国网络司令部会分析每一个已公布的漏洞，并确定是否有必要发布 IAVA，或者对 DOD 是否有好处。目标是使用与商用对应标准（如 CVE、CVSS 或其他公共标准）相同的通信和评分值来保证军队资产安全。

和 CVSS 一样，IAVA 也有一个由 DOD 确定的风险评分。基于军事资产的使用情况，这些评分可能与商用对应标准有所不同，以提升风险意识或者影响优先级。

最后要注意的是，IAVA 通常仅在美国国防部和其支持的承包商内部使用。如果您的组织要求为每个承包商或分包商生成基于 IAVA 的报告，您就必须明确地从漏洞管理供应商那里获得额外的技术许可，以启用这些功能和对应的报告模块。

第 8 章
漏洞状态

漏洞评估以软件漏洞、补丁缺失和配置弱点等形式识别资产上的安全风险。它适用于操作系统、应用软件、Web 应用和虚拟环境等各种场景。数据结果以漏洞风险的形式进行分级。报告这些风险的标准有很多，而在全球范围内，对漏洞评估结果进行评级，并为修复与风险优先级排定制定服务等级协议的管理标准就更多了。

从 20 世纪 90 年代末漏洞评估出现以来，漏洞评估的执行方式发生了巨大的变化。最初，这类产品通过 TCP/IP 和网络扫描技术，用目标和 IP 地址的顺序清单访问设备。如今，技术已经发展到使用分布式状态机，使用 AWS 或 VMware 等先进连接器技术进行定位，并具备使用代理技术和各种凭证机制深入评估目标的能力。

在演变发展中，有一个缺憾就是评级机制（除了 CVSS 环境评分）都是基于漏洞本身的严重程度，而不受缓解控制或者资产对其提供的服务和业务流程的重要性的影响。诸如漏洞是如何被发现的以及它对资产的实际意义等因素，一直都被忽略了。

例如，CVE-2014-160 的 CVSS 评分只有 5.0。许多人都熟悉这个被称为"心脏出血"（Heartbleed）的漏洞。这种具有历史意义、备受关注的漏洞可能出现在许多不同类型的系统上，但所有系统的风险评分都相同。这种缺陷可以存在于 Web 服务或者本地系统库中，但无论它是在内存中活跃活动并有可能遭到利用，还是处于不活跃状态闲置在磁盘上的库文件中，漏洞评估解决方案都会将其报告为关键漏洞。关键的差别在于**活跃进程**。传统的基于网络的漏洞评估解决方案并没有考虑到漏洞的不同"状态"。

本章将讨论漏洞评估解决方案确定的三种漏洞潜在状态，以及修复策略对业务的影响。

第 8 章 漏洞状态

8.1 根据状态确定漏洞风险

传统的漏洞评估解决方案根据风险对其发现的漏洞进行分级。先进的解决方案会整合最终用户提供的信息，以评估资产（或 IP 地址）的风险。成熟的解决方案将这些信息汇总为逻辑组，然后与组织中的其他逻辑组进行对比和交叉分析，获得对比评级。这种视图可用于优先级排定和服务等级协议等方面。任何产品的基本风险评估机制都遵循如下方法论。

- **专有风险评分**——由供应商定义的评分，可能是数值形式或分级形式（例如，使用低、中、高、严重或者极度等术语）。这种机制始于漏洞评估扫描刚出现的时候，当时还没有发展出让所有供应商以相同方式评价漏洞的标准。

- **CVSS**——通用漏洞评分系统，首次开发于 2005 年，用于应对基于供应商的评价系统的不足，并建立一个以标准化方式定义漏洞实际意义的协议（数学矢量计算）。该标准已经发展到包含各种时间和环境因子的标准。它的评分计算方式在行业中不断引起争论，最新的草案版本试图将现代化技术和缓解技术纳入计算中。

- **PCI DSS**——支付卡行业（PCI）数据安全标准（DSS）包含改良版本的 CSS，用于计算 PCI ROC（合规记录）的风险评分。这一改良版本在评分框架中加入了拒绝服务等因素的权重，以解决网站可用性下降与停机等问题，而不是持卡人数据实际损失等问题。

- **IAVA**——信息保障漏洞警报（IAVA）本身不是评分机制。IAVA 是由美国网络司令部发布的应用程序或操作系统的漏洞的公告，旨在提醒参与的政府机构必须对这些风险进行漏洞修复。美国国防信息系统局（DISA）开发和维护 IAVA 数据库，以确保系统管理员有一个主动控制机制，来接收、确认和遵守系统漏洞警报通知。在 IAVA 数据库中，漏洞风险评级为 Ⅰ 至 Ⅳ 类。这些数值由 DISA 决定，但通常下与 CVSS 的建议一致。

理解上述的评级机制极其重要，因为它们能够确保，无论漏洞在某个资产上有何表现，都有相同的评级。例如，在 Windows 资产上，如果系统安装了多个浏览器，而只有一个浏览器被最终用户使用。但是，无论浏览器是经常被使用，还是仅仅被安装在资产上而呈休眠状态，还是作为操作系统的一部分未完全安装，这三个浏览器的漏洞评估得分都是相同的。

漏洞管理指南要求修复所有关键漏洞。在这种情况下，我们明确优先考虑"在用"浏览器，但在现行的任何标准漏洞报告系统中都无法精确量化风险指标。

此外，目前的风险评分机制（除了手动排除漏洞或者修改每个资产和漏洞的 CVSS 评分）无法处理已通过禁用相关服务进行适当缓解的漏洞。这是一种有效的缓解技术，但漏洞评估解决方案不一定能区分潜在漏洞和在系统上活跃运行的缺陷。

因此，漏洞评估技术必须不断发展，以补充对资产和正在使用的应用程序的状态的评估，而不只是检查文件、注册表键值、横幅广告和安装的软件包。这让我们看到了漏洞评估技术的战略前景和漏洞的三种潜在状态。

8.2 漏洞的三种状态

如前所述，任何资产上的漏洞都有三种可量化的状态。

- **活跃（active）**——有缺陷的软件正在资产上活跃运行，消耗资源。活跃漏洞意味着若利用成功将会损害系统（取决于漏洞的局限性）。
- **休眠（dormant）**——主机上存在漏洞，但完全没有主动消耗任何资源。休眠的漏洞可能来自被禁用的服务、特定时间点上没有运行的已安装应用程序等任何情况。一旦应用程序运行，漏洞将不再休眠，应该在运行期间重新被归类为"活跃"。
- **潜在（carrier）**——这种漏洞是目前为止最模糊的分类，因为它包含了"如果……会怎样"的成分。潜在漏洞的二进制代码存在于某个资源上，但尚未配置为休眠或者活跃状态。需要进行额外的步骤来改变状态，但不需要外部媒介或者互联网连接。例如，只要有相应的凭据就可以为 Windows 资源添加功能，而无须任何外部资源。一旦发生了配置更改，漏洞就可能以休眠或活跃状态存在，直到修复。

漏洞评估期间并未涉及上述概念，尽管基本常识告诉我们，应该首先修复活跃或潜在可利用的漏洞。当前的各种标准在报告时没有考虑到这三种状态，因此，需要依赖安全供应商专项解决方案来成功实施这些切实可行的模型。这样一来，现状很容易让人想起 20 世纪 90 年代的早期评分技术。下面，我们将介绍有关这三种状态的重要细节，您应该始终将其考虑在内。

8.2.1 活跃漏洞

活跃漏洞对任何组织来说显然都是最大的威胁。它们是在操作系统或应用程序中（每天的工作代码中）活跃执行的漏洞，很容易被利用而遭受攻击。如今的漏洞评估工具，不管最终用户是否采取了缓解措施，所有漏洞都被分类为"活跃"。是否因为缓解措施而排除某个漏洞，或者在知晓漏洞本身处于休眠状态的情况下手动更改风险评分，这取决于管理员。扫描技术只能找出文件版本、哈希值、注册表键值或者软件包，没有考虑到程序的状态。这就是状态问题的根源。

8.2.2 休眠漏洞

休眠漏洞代表着对组织的未知风险——这是一个真正的风险，与活跃漏洞一样严重。一个程序在很长时间内保持休眠，然后被运行并对组织构成真正的风险，这种情况并不罕见。考虑一下像微软 Help、WinZip 或者 Acrobat 等桌面应用程序，它们和许多其他应用一样，可能并不经常被运行。在不使用时，它们不会带来风险，但有可能成为风险。休眠漏洞在被运行和被量化其使用情况之前是个未知风险。在任意指定时间，应用程序都是"休眠"的，但与之相关的文件（例如 PDF 之于 Acrobat Reader）也可以被优先处理。很明显，如果某个程序及相关文件从未被使用，那么风险就是零。按照常理，我们应该禁用、卸载这样的程序，或者进行其他缓解控制，但在现实世界中，这并非总是可行的。例如，您无法卸载微软的 Help，或者在 Linux 系统中，在磁盘上留下前一版本的内核备份。因此，仅在我们普遍接受的评分系统内找到漏洞是合理的。然而，应用程序和相关漏洞的实际使用情况，代表着休眠漏洞到活跃漏洞的转变，到目前为止，没有一个评分系统能够解决，只能依靠每个安全供应商以自己独有的方式展示信息并排定其优先级。

8.2.3 潜在漏洞

潜在漏洞就像人体内的病毒一样：它们始终存在，不一定能被检测出来，并可以通过不同方式激活而造成真正的伤害。最常见的潜在漏洞是缓存的安装程序文件。例如，新版本微软操作系统和应用程序会将安装程序缓存在硬盘上，以便添加功能，或只是为了首次请求功能时使用。这些安装程序有可能安装存在漏洞的组件，随后被漏洞评估扫描标记出来。漏洞可能处于休眠状态或者活跃状态。从缓存的安装程序中安装.NET框架甚至微软WSUS就是一个实例。事后，用户必须运行Windows更新或者补丁管理工具来修复新引入的漏洞。问题出在休眠的安装文件（如果扫描的话，一开始就有漏洞）和系统中的备份文件上，是这些文件从一开始就产生了漏洞。

潜在漏洞的概念似乎有些模糊，但这在默认镜像和移动设备上安装垃圾软件时十分常见。在多数情况下，程序直到第一次使用时才安装完成（而且可能接受了一个最终用户许可协议[EULA]），因此评估解决方案可能会因为供应商的独特打包方式而遗漏它们。

8.2.4　状态优先级排序

为了本书，我们开发了用于分类漏洞状态的术语。根据上述讨论，漏洞状态的优先级有了明确的确定，但仍然缺少监管标准。例如，PCI DSS明确规定，所有严重漏洞都应该在30天内被修复。虽然这对于PCI范畴内的系统很有意义，但并没有考虑到许多在PCI范畴之外、但由同一组织使用相同过程管理的系统。您甚至可能认为，休眠漏洞代表着相同的威胁（因为标准的评分），并且潜在漏洞应该通过适当的变更控制和补丁管理方案来管理。然而，在现实中，这种情况很少发生。定义这些漏洞状态，可以帮助组织完成如下工作：

- 优先解决最高风险的漏洞——不考虑标准化评分的缺陷；
- 加快修复现实中活跃风险的漏洞——不考虑是否有公开的漏洞利用程序；
- 根据实际应用中的真实使用情况（而不仅是理论上的利用）量化漏洞；
- 当操作系统或应用程序的变更可能影响安全时，提高对更改控制所需额外保障措施的意识，并识别部分配置或安装的供应商软件，这些软件如果被允许执行可能带来风险。

我们发明了一个可能无用的缩略语，请按优先级顺序考虑"ADC"——活跃

第 8 章 漏洞状态

（active）、休眠（dormant）和潜在（carrier）漏洞。在审查漏洞报告时，将此作为风险优先级排定的重要组成部分，并确定您是否能够准确地发现不同类型的漏洞。如果应用程序确实在运行（活跃），它的优先级应该始终高于从未被使用（休眠）的应用。

第 9 章
漏洞权威机构

从 20 世纪 90 年代起，供应商、最终用户和政府部门都在努力地以一种连贯的方式进行漏洞分类、交流漏洞信息。结果产生了各种第三方的用于存储、处理以及执行漏洞的标准和管理机构。虽然为交流所发现情况而建立的组织有很多，但仅有少数机构会公开披露漏洞信息。最知名的几个机构如表 9-1 所示，我们称之为漏洞权威机构。这些机构传达和引用关于潜在风险的所有特性与指标。

表 9-1　漏洞权威机构

缩写	全名	描述
US-CERT	美国计算机紧急应变小组	US-CERT 通过响应重大事件、分析威胁并与可信任的全球合作伙伴交流重要网络安全信息，为全美国提供更安全、更坚固的互联网
CERT	卡内基-梅隆大学软件工程学院	CERT 是软件工程学院（SEI）的一个分部，研究和解决有广泛网络安全影响的问题。CERT 收集、分析和验证常见计算平台新出现的漏洞，并向广大运营商提供漏洞通知以及缓解与修复指南
DISA	美国国防信息系统局	DISA 是美国国防部（DoD）的一个作战支持机构。该机构由来自陆军、空军、海军和海军陆战队的军事人员和国防承包商组成，提供、运营并确保指挥、控制和信息共享能力，以及可从全球访问的企业信息基础设施，直接支援联合作战人员、国家领导人以及各种军事行动中的其他任务和盟友
BUGTRAQ	Bugtraq 或 Bugtraq 标识符	自 1999 年以来，SecurityFocus 一直是安全社区的中流砥柱，为 Bugtraq ID 提供后端支持。它们的技术为新漏洞通知提供了大容量、全公开的邮件列表，以及查看各种潜在威胁的历史与讨论的数据库
MITRE	Mitre	MITRE 集团是一个非营利公司，运营着多个由美国联邦政府出资的研发中心。它提供 CVE 等全行业使用的漏洞分类与评分标准
NVD	国家漏洞数据库	NVD 是美国政府基于标准的漏洞管理数据库，其中的数据使用安全内容自动化协议（SCAP）呈现。NVD 包括安全检查清单参考、安全相关软件缺陷、错误配置、产品名称和影响指标的数据库

第 10 章
渗透测试

渗透测试是一种保护资产免遭威胁的精妙技艺。初学者和新闻媒体有时将漏洞评估与渗透测试混为一谈，但两者是截然不同的。不过，这种混淆有时是合理的。漏洞评估解决方案有时使用漏洞利用代码，确定漏洞是否存在（通常称为"不安全"或侵入式检查）。渗透解决方案可以用网络扫描程序来确定目标主机。这两者在商用解决方案中更多的是功能重叠，而不是相互替代或替换。

更确切地说，漏洞评估通过推断和某种形式的检测来确定威胁是否存在。某个文件存在、某个端口开放、某个表示更新尚未应用的 Windows 注册表键值，都说明存在漏洞。很大程度上，这种解决方案无法检测到是否部署了缓解控制以阻止漏洞利用，而渗透测试将漏洞评估提升到了更高的水平。它试图对存在漏洞的资产运行漏洞利用代码，并以实际行动证明可以侵入该资产。因此，被渗透的目标不再处于原始状态，漏洞利用代码正在执行，资产的状况也远比仅执行漏洞评估时更糟糕。即使测试才刚启动，但资产已经受到了侵害，保持这种状态可能使它在未来遭到攻击，所以在恢复生产前必须完全修复（或者重新构建）。

正如前文所讨论过的那样，市场上有来自 Core、Canvas 和 Rapid7 等公司的各种商用渗透测试工具，它们都很强大，但只包含了如今 Windows 设备实际可利用漏洞的 10%左右。这使得它们的能力相当有限，不过，这种能力仍是绝对必需的。它们可以证明某个资产、资源或组织容易遭到一些漏洞的侵害，而这些漏洞是可以轻松缓解的。因此，自然而然地，应该集成漏洞管理解决方案与渗透测试工具。漏洞管理解决方案以安全的方式检测缺陷的存在，而渗透测试工具利用前者的结果，针对潜在目标实施漏洞利用攻击。图 10-1 所示为 BeyondTrust 的 Retina Network Security Scanner 与 Rapid7 Metasploit 集成后漏洞评估扫描的示例。

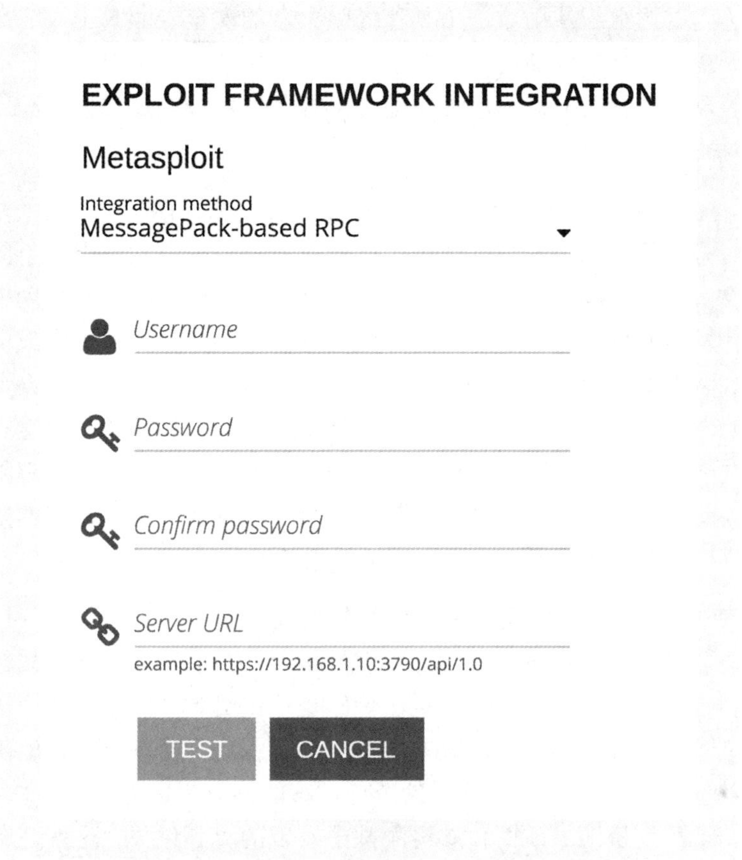

第 10 章 渗透测试　53

EXPLOIT FRAMEWORK INTEGRATION

Metasploit

Integration method
MessagePack-based RPC ▼

👤 *Username*

🔑 *Password*

🔑 *Confirm password*

🔗 *Server URL*
example: https://192.168.1.10:3790/api/1.0

[TEST]　[CANCEL]

图 10-1　漏洞评估与渗透测试集成用户界面

　　这样，您就可以将漏洞管理和渗透测试的需求以电子形式集成到一起，两个工具之间共享信息，使用户体验更为简洁合理。

　　虽然对扫描中识别到的每个资源进行渗透测试是不计后果的鲁莽行为，但战略性地确定少数目标作为受控测试的一部分，可以证明组织面临的总体风险。而且，如果测试没有成功，只能证明自动化测试无效。经验丰富的白帽黑客能够理解输出结果，并通过多次定制测试以取得成功。这意味着威胁行动者也可能采取同样的手法，在未经您允许的情况下发起攻击。因此，仅仅依靠渗透测试解决方案的自动化输出不是一个好的安全实践。

　　关于渗透测试和合规措施，还有一点需要注意。PCI DSS 等标准要求对规范范围内的资产实施渗透测试。这些测试不仅仅是运行自动化工具和查看结果。专门实施渗透测试的组织使用攻击工具和经验丰富的安全专业人士（雇用的黑客）对客户进行渗透测试，以满足这些要求。测试结果是为了模拟威胁行动者对您的组织发动的攻击，看看他们利用受信任的来源入侵环境能造成多大程度的破坏，而不会成为被攻击的受害者。

相反，我们并不推荐使用内部资源进行这些活动。内部人员太了解您的环境。您可以将这些服务外包，并每次使用不同的供应商。这能为您提供不同的渗透测试人才，攻击所需了解的环境相关的细节必须从外界获取。这些活动模拟了外部威胁行动者发动的攻击，最重要的是，他们的攻击向量、人员组成或资源不受任何限制。试图获得访问权的威胁行动者不会遵守您为"渗透测试"设置的安全控制规则。他们将尽其所能，尝试使用各种技术来攻破您的环境。虽然有些测试用例会将合法渗透测试的范围限定在特定资源上，但实际的攻击是没有限制、没有规则的。因此，在考虑合规监管和内部测试时，需要注重您所掌握的知识、测试结果与威胁行动者真正侵害您的资产时可能采取的行动之间的差异。

考虑到这一点，风险接受的概念为业务决策和信息技术安全的预算分配奠定了基础。如果您了解风险并接受将会发生的事故，为了最大限度地减轻威胁而花费的资源和金钱就变得合理、可量化了。但是，花费更多的金钱和资源，并不一定意味着风险呈线性甚至指数地减轻。我们必须找到一个拐点，做出决定并声明"我可以接受那样的风险"，或者"我没有足够的预算来应对"。不过，还有另一种观念有助于平衡资源、预算和渗透测试中发现的真正结果，这就是所谓的平均泄露时间（MTTB）。这个概念与 MTTR（平均修复时间）或 MTBF（平均故障间隔时间）类似，表示威胁行动者攻破环境所需的平均时间。如果已知风险很严重，攻击方法又微不足道，MTTB 的值很小。这意味着您的安全防护工具需要迅速发出警报，安全团队也必须迅速采取行动及时应对威胁。如果已知风险既困难又复杂，则 MTTB 的值应该会增大。这时，可以针对已知风险部署控制措施，安全团队在应对和缓解威胁的时间上也略微宽松一些。如果安全团队可以根据危险性和难易程度来量化风险，MTTB 就可以为成本和风险评估提供参考。问题是，由于组织存在复杂的架构和未知风险（组织有许多此类问题），这并不是个容易完成的任务。漏洞管理解决方案可以帮助建立一些基础，另一个实证方法——漏洞测试——也有帮助。考虑一下您目前在组织内是如何进行渗透测试的。您是否会雇用"红队"、外聘顾问，甚至寻找顶尖"黑客"进行渗透测试，并根据他们渗透到组织的深度来支付报酬（这是一种相对新颖的契约方式，根据发现给予道德黑客奖励）。对于所有方法，其结果都可以用 MTTB 形式度量，测试团队应该定期根据任务中每次成功或失败的尝试，报告其时间线。为什么要这么做？因为成功的缓解策略可以映射这些攻击，就像它们是真正发生的一样，确保控制措施能够阻止攻击行为和恶意软件，并确保警报、预防措施和工作流程能够在每个步骤做出响应，尽可能地延长 MTTB。这确保安全团队可以及时得到通知并响应威胁，而不是出现"打了就跑"的场景。最终目标是尽可能延长 MTTB，并且提供足够多的警报，以便安全团队了解入侵事件并采取相应措施。这就在真实攻击"测试"和漏洞与配置评估期间涵盖的已知风险之间求得了平衡。因此，延长 MTTB 并使用安全警报是可取的，还可以通过渗透测试进行复制，这有助于根据成功的攻击向量，来确定缓解威胁所需要花费的金钱。实际上，有些威胁因缓解成本太高，因此它们极难被利用来发动攻击。例如，生命周期终结的服务器和应用程序存在已知且无法修补的漏洞。虽然 MTTB 是相对新颖的网络安全术语，但它的意义已相当明确，一般被认为是组织中真正发现（和泄露）的时间。作为一个新术语，我们应该从相反的角度去考虑。威胁行动者需要花费多少时间才能成功入侵，企业是否能检测到他们在攻击期间采取的措施和技术？如果我能够检测到入侵，并使 MTTB 相对更长一些，那么就可以在风险评估、预算和未来的安全开支方面达到一个很好的平衡，因为可以利用现有的解决方案和时间来响应威胁。渗透测试有助于量化这一指标。我们都应该假定数据泄露将会发生，只是要确保您有充裕的时间检测并响应，将 MTTB 与渗透测试关联起来是很好的出发点。

第 11 章
修复措施

在网络安全界努力识别和分类漏洞、提供修复措施的同时，供应商也在运用自己的方法、服务等级协议和公开披露策略解决这些问题。正如我们所见，识别漏洞是一回事，应用修复措施或缓解策略则完全是另一回事。更复杂的是，不同供应商公开披露的方式存在较大差异，即便在类似的平台上，它们部署安全补丁所采用的技术也不总是一致。为此，我们必须首先关注业界领先的供应商及其补丁修复策略和披露计划。

11.1 微软

微软在每个月的第二个星期二为其各类解决方案提供安全补丁。安全和信息技术界亲切地称其为"补丁星期二"。从 2003 年起，补丁一直以这种模式公布。安全更新可以通过手动下载、Windows 更新程序以及授权的第三方补丁管理解决方案获得。

关于微软补丁的细节数不胜数，下面这些是每个信息技术专业人士都应该知道的。

- 除了每个月的第二个星期二，微软还将根据实际情况，基于外界的威胁，在必要时发布带外安全补丁。

- Windows 更新最初是 Internet Explorer 中的一个功能，随着操作系统的发展变成了 Windows "控制面板"（Windows 10 中的"设置"）这样的专用功能。这意味着，旧版本操作系统与现代化版本的操作方式是不同的，并将继续发展。从技术上讲，不再对旧技术提供支持，但仍然有带外补丁（如"永恒之蓝"（EternalBlue））来缓解 Windows XP 和 Server 2003

上的威胁（如 WannaCry）。也就是说，即使一个设备到了其生命周期的尽头，您仍需要通过某种方式为之提供更新和配置更改，因为未知的情况很有可能要求您像其他现代系统一样管理资源。

- Windows 10 的现代化版本（尚未包括基于服务器的版本）自动选择安全更新，并且按月绑定。旧的 Windows 解决方案允许选择单独的补丁，以管理变更控制，避免不兼容的情况。这意味着根据不同时代的操作系统，应用安全更新的方法不仅在技术上不同，还在选择更新内容上有所不同。

- 微软提供了一个免费的解决方案——Windows 系统更新服务（WSUS），仅限于管理微软解决方案的补丁部署。这是一个适用于多种环境的基本解决方案，但无法管理包括第三方补丁在内的许多高级别用例。这种局限性造就了一个成熟的行业，在这个成熟的行业中，会有 IBM、Ivanti 和 Tanium 等公司提供补丁管理解决方案。

平心而论，微软是市场上漏洞识别、披露和补丁管理方面最为成熟的供应商。虽然在补丁的获取和部署上存在一些不足，但在获取它们的补丁和工具等方面明显优于市场上的其他竞争对手。您可以在搜索引擎中输入 MSRC Security Update Guide 找到微软解决方案的最新安全更新。

11.2 苹果

苹果 macOS（过去的 OS X）和 iOS 更新可通过互联网和苹果应用商店（App Store）下载获取，同时可以手动下载供物理隔离系统和第三方应用部署使用。每个发布版本都在其网站上列出，但其细节、实际修复和问题识别往往被苹果的营销宣传隐藏而无从获取。这正好与微软相反，微软会提供安全缺陷的细节，以及它被确认为问题的原因，有时甚至巨细靡遗。而苹果则只提供最简单的描述、CVE 编号和概要信息。您可以将此看成一种用户友好的方法，不会向潜在的威胁行动者透露过多细节；或者是在苹果比其他平台"更安全"的长期形象基础上，将其看作一种极简主义来承认和修补漏洞。有鉴于此，下面是所有信息技术专业人士都应该知道的苹果更新的相关知识。

- macOS 的生命周期通常为 5 年。苹果不为其操作系统提供正式的生命期终止计划，但经验显示，新安全补丁总是涵盖最新版本的 macOS 和前两

个版本。虽然这并不等同于 5 年（苹果每年都会发布一个新操作系统），但旧版本只接收关键更新，随后就进入生命周期终止状态。

- iOS 一般通过蜂窝网络或者 Wi-Fi 接收更新。早期发布的版本可以手动选择，但随着版本越来越成熟，苹果通过"纠缠提醒"的方式强制用户安装更新。在苹果认为必要的时候，用户会被迫采用最新版本。

- 与微软一样，苹果允许在系统设置中设定为自动安装可用安全补丁，也可以通过 JamF 等第三方解决方案管理生命周期中的修复部分。这对于大部分组织内部的变更控制和业务持续性都是必要的。

可以通过网络访问 macOS 上苹果安全更新的偏好设置，并且允许您在 macOS 上控制更新。需要注意的是，苹果在操作系统更新时总是将这些设置恢复成默认值。管理员（或者最终用户）在更新后可能需要将其重置为预期的参数，以避免意外停机或者不兼容的升级。如果您是 Mac 用户，在以前的 32 位应用、第三方显示驱动程序，甚至与 USB 设备的兼容性方面遇见过类似的问题。

11.3 思科

思科不提供桌面或服务器操作系统，但它们为交换机、路由器、防火墙和大量其他基础设施提供名为 IOS（不要与苹果的 iOS 混淆）的操作系统。在此基础上，它们提供用于协同工作、自动化、云计算和分析等领域的商业应用程序。与给单一平台（如苹果或微软）打补丁不同，为思科应用和基础设施打补丁需要多种工具，因为它们的基础有着根本的不同。在我们的漏洞管理生命周期中，您会发现，根据漏洞和修复或缓解方法的不同，所有权和工作流程也会有所不同。在极端情况下，思科会测试这些工作流程和策略。例如，修复 Webex（一个协同 Web 应用共享解决方案）中的一个漏洞，有可能需要针对 Windows 和 macOS 修复应用漏洞。相比之下，交换机、防火墙或路由器的缺陷需要用思科（或第三方）的专用管理工具进行 IOS 更新。以下是每个信息技术专业人员都应该知道的思科更新的几个特征。

- 思科的公告与更新是按需发布的，不像微软那样有固定的发布时间。这意味着安全、信息技术和网络专业人员必须始终保持警惕，因为新的公告和补丁随时可能出现。

- 思科在漏洞报告和补丁披露的全面性上仅次于微软。公告极其详尽，向各团队解释缺陷、缓解策略和公告的重要性。

- 思科在公告和警报方面优于其他所有供应商。它们提供了一个简单的网站，以研究任何产品、任何风险和任何日期，确定威胁。希望其他所有供应商都能采用这样的模式。

11.4 谷歌

Android 和 Chrome OS 的补丁发布时间和公告较为分散，取决于解决方案。作为技术专业人员，希望您已经意识到 Android 的碎片化问题、补丁的验证和部署都由硬件供应商负责。更糟糕的是，移动电话运营商必须批准并通过空中下载（OtA）技术更新，为其产品的安全性维护又增加了第三层复杂度。请注意，这仅适用于操作系统，而不适用于手动安装或从谷歌 Play（以前的谷歌应用商店）下载的应用程序。因此，Android 成了业界最难以维护的操作系统，这也是漏洞管理项目中一直存在的问题。

谷歌在 Chrome 等解决方案上做得很出色。这些解决方案的安全更新有良好的文档记录，补丁的发布也很及时。此外，由于它们的大多数产品都部署在云端，安全更新对于最终用户完全透明，因此漏洞修复非常高效。有关最新的谷歌安全更新，大家可以自行搜索。

11.5 甲骨文

甲骨文为补丁更新、安全警报和公告提供了一种很完善的混合方法，以季度更新形式提供。它们的修复周期是基于 CVE 中列出的实际漏洞，以及修复漏洞所需的补丁更新。虽然用户体验不如思科那么成熟，但它确实提供了信息技术和安全专业人员所需的细节。

对所有甲骨文用户来说，最困难的部分不一定是寻找公告或者应用安全补丁（这方面的复杂度和思科、微软相当），而是准确地识别所有应用补丁的位置。甲骨文应用程序的漏洞评估通常需要对操作系统进行认证的漏洞评估扫描，对数据库本身则要多次进行。鉴于此，修复甲骨文解决方案风险时，信息技术专业人员应该考虑如下要点。

- 甲骨文补丁的变更控制至关重要。数据库或其解决方案定制实现的任何补丁都应该先在测试环境中进行。在所有供应商中,甲骨文安全补丁导致生产问题的风险最高。

- 甲骨文桌面产品(如 Java)应该与其他基于客户端的第三方应用一样进行补丁管理。但是,有一点非常值得注意。部署 Java 桌面客户端补丁时,必须经过全面测试,以确保应用程序或浏览器的功能不受破坏。这对于有合规要求、必须及时修复漏洞的 Java 应用和环境是个重大问题。很多时候,最终用户被迫使用有漏洞的旧版本,因为他们的应用程序与维护和安全更新不兼容。因为这些问题,Java 是最高风险的桌面应用程序。

- 甲骨文解决方案的碎片化问题是所有信息技术专业人员最后要考虑的问题。和许多其他自然成长和通过收购扩张的大型组织一样,即便是在同一个平台上,补丁部署在不同产品间也可能存在差异。其他供应商如 CA(曾经的 Computer Associates 公司)也有类似问题,在您制定漏洞管理计划时应该予以考虑。

11.6 Red Hat

Red Hat 的安全公告有成熟的发布与通知方式。它们为用户提供类似于思科的界面,用于查找和研究安全漏洞。通过在搜索引擎中搜索 Red Hat Customer Portal,在打开的页面中单击 Security 选项卡,然后单击右侧的 Security Advisories,即可在弹出的页面中找到 Red Hat 最新的安全更新。

关于每个缺陷的细节,只需要单击相应条目,就可以为最有安全意识的团队成员提供保证。通过 CVE 查找漏洞的透视表中也能看到这个视图,这使将某个发现与漏洞管理报告关联并制定修复策略变得很容易。可以使用操作系统自带的工具,或者第三方补丁管理供应商的产品来部署安全补丁。

11.7 Adobe

从 Reader 到 Flash,Adobe 的各种解决方案多年来一直是威胁行动者的目标。

不幸的是，这些解决方案也一直是最容易被利用并成功入侵的。近年来，Adobe十分重视这些威胁问题，在其安全公告网页上发布了大量关于每个发现、安全更新和受影响平台的细节。由于该公司的解决方案通常在多个平台（Windows、Linux和macOS）和多种浏览器（Chrome、Edge和Safari等）上运行，因此它们的安全问题在业界尤为重要。这意味着一个已知漏洞有可能在不止一类系统上遭到利用（使用合适的代码），可能影响的用户也不止一种类型。因此，从漏洞管理的角度看，同一个CVE可能存在于任何地方，但修复方法却因操作系统、浏览器的不同而不同。在Adobe官网主页右上角的搜索栏中输入Adobe Product Security Incident Response Team，然后在搜索结果中单击相应的链接，即可找到最新的Adobe安全更新。

11.8 开源产品

开源软件的漏洞与修复管理是企业内部的一个重要问题。开源软件可以以源代码、编译库的形式出现，还可以嵌入到现有商业和定制解决方案中。所有这些情况都可能存在高危漏洞。漏洞检测的问题是依赖签名来识别漏洞的。漏洞管理供应商创建签名时，文件或编译代码的路径可能不会被考虑在内，从而造成误报和漏报。因此，开放的源代码必须根据用户用例加以考虑。

- 编译库——由分发厂商记录预编译库在其解决方案中的使用情况，并在任何解决方案受到漏洞影响时披露。这就给漏洞管理解决方案带来了挑战：如何纳入最流行的解决方案，并考虑这些库可能出现在默认目录或典型安装路径之外的情况。
- 源代码——在定制应用中加入源代码，或者嵌入到商用编译应用内部，都存在风险。除了代码评审解决方案和Web应用扫描之外，漏洞管理解决方案发现漏洞的可能性不大。与工作在网络层的服务相比，应用层的漏洞更是如此。最终用户依赖制造商披露信息，开发团队必须意识到开放源代码带来的漏洞，以便修复它们自己的应用程序。

如果您考虑到Red Hat、思科和微软在其解决方案中使用了开放源代码和库（尽管程度较轻），它们的安全公告中对漏洞的公开披露就是至关重要的。它们实际上是漏洞的"信使"，根据其他人的成果提供更新其解决方案的服务。这就是为各种资产建立防护措施变得困难的原因。关于安全漏洞的信息取决于开发商是否纳入开源代码，而不一定是这些源代码的创造者本身。开源代码开发者也会发布 CVE、进行公开披露，但通常不会提及所有选择嵌入其技术的供应商。

11.9 其他各方

记住，漏洞可能出现在从固件、微码到 Web 应用的各个环节之中，以及它们之间的位置。任何可以编写代码的地方都有可能存在漏洞。因此，其他任何提供者都应该有公开披露的策略和程序。当今市场上还没有任何一个漏洞评估供应商能够覆盖一切产品和所有 CVE。任何一位最终用户都不应该受骗上当，认为有可能存在这样的解决方案。鉴于每年都有成千上万个新漏洞，影响着数以万计的应用程序，任何一个供应商都无法以签名形式纳入所有威胁，并提供完整的历史背景。漏洞管理供应商在其审计数据库中有数万个主动检查项目并非不合理，但仍然不能涵盖一切，而且仅根据规模也不能决定准确性、控制过时的检查项目并遵守补丁的置换规则。针对您所部署的任何应用、操作系统和资产，都必须考虑漏洞管理工具的覆盖范围，以及它们处理定制应用审计的能力。是的，对于定制或自研应用，您必须自己编写检查项目。

这些应用的多样性将导致组织在获取部署到其资源的补丁和缓解措施时面对复杂局面。虽然我们已经在风险评分和通知的标准上达成了一致，但供应商在发布计划和通知上没有标准可循。仅仅发布内容本身，各供应商就有着很大的差异。这是 CVE 和 IAVA 等标准的重要之处，因为它们从供应商那里提取细节，真正地以一致的方式度量风险。

如果您的环境有必要了解所有此类警报、简报、公告和通知，可以考虑使用漏洞管理解决方案内集成威胁情报，或者订阅每个重要供应商提供的 RSS 源。

最后，您使用的供应商越多，修复所需的研究、工具及工作流程也就越多。漏洞管理供应商在其报告中包含了相关细节，但当您采用非主流供应商时，安全更新的成熟度将变弱，获得相关信息时也可能变得困难。没有任何法律规定公司必须为发现的缺陷发布 CVE，也没有任何法律要求公开披露。有些供应商就是不参与此类活动。这与全球范围内不同程度存在的、以 GDPR 等规章形式存在的数据泄露通知法规相悖。

第12章
漏洞管理计划

随着最近发生的一系列备受瞩目的数据泄露事件,注重安全的组织意识到,它们的财务生存能力和业务持续性取决于有效的 IT 安全风险管理。考虑到数据泄露的潜在后果,许多组织依靠漏洞与合规管理措施,来保证关键信息安全、保护敏感系统并证明符合监管要求。由于应用程序、员工拥有的设备、移动计算、社交网络、云和其他不断扩大的攻击面,新的安全风险不断涌现,这些工作也变得更加复杂了。而且,重要的监管法规如 PCI、HIPAA 和萨班斯-奥克斯利法案也强制要求与漏洞管理相关的特定安全控制。遗憾的是,不遵守法规会导致处罚、业务损失和其他间接成本,这是无法避免的残酷事实。此外,将内部安全过程与法规保持一致,向管理层和审计人员提供有意义的报告,都是极其费时费力的。

虽然组织通常无法控制所要面对的威胁,但它们可以通过缓解相关风险来应对威胁,从而减少漏洞或对业务的潜在影响。这种计划的实施分为四个阶段——设计、开发、部署和运营,如图 12-1 所示。

阶段	目标	任务项
设计	需求 目标 预算	● 审核漏洞处理的业务需求 ● 创建包含时限、优先级、度量手段和目标的漏洞管理策略 ● 确定漏洞管理计划的预算和成本分析
开发	需求 计划制定 选择	● 将业务需求转化为技术需求 ● 漏洞计划制定与验证 ● 选择和采购支持技术
部署	部署 团队培训 交接	● 安装、测试和验证漏洞管理计划 ● 教育和培训关键利益相关者 ● 将漏洞管理计划移交给运营和安全人员
运营	运营 度量 扩展	● 运营漏洞管理计划——(评估、排定优先级、报告、修复) ● 用预定目标度量计划有效性 ● 在生命周期内扩展漏洞管理计划范围并使之成熟

图 12-1 漏洞管理计划实施的四个阶段

第 12 章 漏洞管理计划

12.1 设计

信息技术安全团队的任务是与整个组织的关键人员协作，为新的安全项目开发业务用例、制定实施计划，并对现有控制措施和已规划的信息系统进行风险评估。那么，从哪里入手呢？常识告诉我们，应该从最关键的资源开始，如果这些资源遭到破坏将产生最大的影响，这些资源应该首先得到保护。但是，如何确定这些资源的优先级呢？如何保护它们？如何衡量现有的和规划的控制措施？细节是魔鬼，我们将在后续的章节中研究设计与规划。

12.2 开发

在开发阶段，安全团队指派安全和漏洞工程师，将业务级别的战略和设计转化成可以在各部门实施的技术需求。

当计划成形、技术需求通过时，团队应该与其他部门协作，检查与现有信息技术流程（包括资产管理、安全监控、审计审核和变更控制）集成和自动化的机会。设计目标应该是将安全操作落实成为组织日常决策的一部分。完成这项任务的最佳方法之一是与现有流程和系统集成，将漏洞管理作为常规业务流程的一部分嵌入其中。

12.3 部署

任何新技术的开发、概念验证和部署都应该进行测试、代码评审（如果可能的话），并在产品实施之前评估风险。这甚至包括漏洞管理过程和应用程序本身！不仅漏洞评估，配置加固以及环境内部安全区的布置也在其中。

在部署阶段，组织往往要与供应商或承包商合作，在小范围执行部署。这个阶段，部署团队可以对内部部署人员和运营人员进行培训。此后，前者将完成更大范围的部署，后者则将接管持续管理和实施后的维护工作。部署阶段还可能要完成对操作规程的细化，并确定和缓解部署中的安全漏洞。

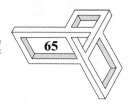

12.4 运营

现在，评估过程已经有了明确的定义，资产所有者已经更新，培训已经完成，各项过程也已经移交给漏洞工程师，由其监督日常运营，艰难的工作开始了。

我们经常看到一些组织试图跳过第 4 阶段——"运营"，而没有合适的计划、培训或者管理层与资产所有者的"认同"。这往往会导致安全团队和受到漏洞处理影响的其他团队之间预期上的不一致和争论。在制定成功的漏洞管理计划时，不仅要确定采购和实施计划所需的人力物力，还要计划管理系统、持续进行相应修复的实际需求。这对于计划的正常维持和在上述 4 个步骤之后的成熟度都是必要的。

12.5 成熟度

实施任何计划，其目标都是逐渐发展到使流程、程序和工作流程与日常业务无缝对接的状态。对于一个成熟的漏洞管理计划，这包括使其生命周期独立于部门和规章运营。表 12-1 概述了这个概念。

表 12-1 漏洞管理成熟度

成熟度（由高到低排列）	描述				
	解决方案	评估	补丁	报告	所有权
业务与监管对应	评估由安全性、业务和合规性驱动	评估驱动合规要求	补丁按照合规条件度量	合规监管报告	审计人员包含在所有者中
攻击缓解和策略修复	基于多个数据源动态响应	对业务合作伙伴和第三方技术进行评估	为内部和第三方拟定服务等级协议	报告扩展到业务单位的风险和威胁	将团队响应纳入所有者的任务中
威胁情报和风险优先级排序	漏洞解决方案与第三方解决方案双向集成	评估多个数据来源	资源分散或孤立，直到补丁应用	报告和事件存在于第三方治理与安全解决方案中	部门间的所有权形成文档并遵照执行
持续监控和主动风险评估	以代理和第三方工具补充网络扫描程序	评估由事件或 API 触发	DevOps 过程可在必要时补救	报告在计划时间提供，并可临时提供给团队	所有权清晰，有形成文档的政策

续表

成熟度（由高到低排列）	描述				
	解决方案	评估	补丁	报告	所有权
定期评估	具备网络扫描程序的集中式企业漏洞管理解决方案	已计划的评估（空会话和空凭据）	定义了修复工作流程	漏洞和补丁管理报告保持一致	有基本的策略和 SLA
临时评估	漏洞评估解决方案部分部署	根据需要进行评估	被动地修复和打补丁	简单报告，覆盖范围临时决定	降低风险的基本指令
无风险评估	最低限度或者完全没有评估、工具或策略	只有针对性检查或者人工检查	不完整的修复和缓解	没有度量或者报告	不一致的管理指令

12.6 成熟度分类

- 无风险评估——对于漏洞管理和已发现威胁的缓解没有任何规程和策略。

- 临时评估——团队可能有解决方案，并根据当天遇到的威胁或者监管要求按需进行评估。没有监督安全措施的明确规程或策略。

- 定期评估——评估的安排有确定的规程和策略。对评估结果有修复工作流程，但只根据预定评估按时提供简况。

- 持续监控和主动风险评估——策略和规程成熟，可以进行实时漏洞评估和主动漏洞应用检测。所有结果都以传统评分方法处理，没有根据实际威胁或活跃利用排定优先级。

- 威胁情报和风险优先级排序——真实安全威胁与检测到的漏洞相结合，而不考虑其来源是临时、定期或者持续监控。这些情报可以根据威胁与业务和应用程序的相关性排定优先级。

- 攻击缓解和策略修复——根据收集的所有漏洞与威胁情报，修复与缓解策略可以自动化。这是集成漏洞与补丁管理解决方案的基本步骤，无论部署更新之前是否仍然需要更改控制批准。在这种成熟度水平下，补丁或缓解措施可自动与当前缺陷关联并实施，人工干预减少到最低限度。

- 业务与监管对应——这种成熟度模型下，提供的所有数据都是技术性的、基于真实威胁的。最后一步是将数据转化为企业能够理解和确定优先级的监管信息。例如，如果企业有 ISO 27002 要求，那么漏洞数据就用威胁来表示，以保障法规的实施。图 12-2 说明了这种对应关系。企业可以根据威胁的技术特征分配资源。

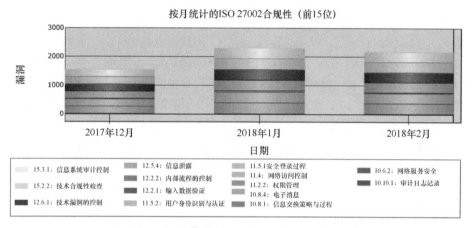

图 12-2　漏洞信息与 ISO 27002 合规要求对应

12.7　描述

- 解决方案——部署成熟度，以及解决方案内部特性与功能的潜在使用方法。

- 评估——企业为成功执行漏洞评估、制定漏洞管理计划所需的技术水平与要求。

- 补丁——修复和缓解策略不仅基于威胁和危急程度，还基于目标和真实威胁对业务的潜在影响。

- 报告——漏洞信息的报告根据业务范围和与利益相关方的关联不断成熟，而不是仅针对安全和运营团队的技术性报告。

- 所有权——数据、规程和政策的所有权在组织各个层级上明确，每个团队都有可度量的工作流程，以优化响应时间。

第 13 章 漏洞管理设计

对于任何安全主管来说，降低网络攻击风险是一项关键需求，这可以通过发现和修复 IT 基础设施中的漏洞来实现，这也是健全的漏洞管理（VM）计划应该实现的目标。有效的 VM 计划应该被设计用来确保人、流程、策略和所选技术相互配合，主动保护、屏蔽、企业免遭网络威胁的侵害。由于威胁不可能完全被消除，安全主管也没有无限的资源，他（她）的工作是确保相关安全与合规风险能得到充分的沟通、理解并处于组织的容许范围之内。

为了确保 IT、业务和组织范围内风险优先级的一致，人们已经制定了多种框架和方法论，包括 NIST SP 800-30、FAIR、ISO 20005、ISACA、ISF 和 OCTAVE。其中一些框架提倡自顶向下分析，另一些则提倡自底向上的方法；不管选择哪一种框架作为出发点，大部分组织都会使用多种方法论的要素，来确定各种资产的可接受风险水平，以确保 IT 系统得到充分的保护。当组织开始定义其整体 VM 计划时，应该将风险评估与度量活动和这些现有控制框架相结合。这不仅能确保优先级的一致，还能使安全团队在各个业务职能和管理层面之间更有效地传达风险信息。

要在定义 VM 计划时完成这项任务，安全主管在计划的设计阶段必须负责监督一系列典型任务，如图 13-1 所示。

在早期阶段，最重要的是开始与业务和资产所有者展开讨论和培训，让他们了解漏洞管理流程的重要性，以及他们和他们的团队在保障组织免遭内部和外部威胁时所起的作用。及早审核和形成概要流程，可以更好地理解利益相关方的需求，在计划开发与部署期间更有可能得到支持者而非批评者。我们曾一次又一次地看到漏洞管理流程孤立实施的情景。一项计划想要取得效果，就必须调动适当的部门和团队成员，并了解将如何跟踪和衡量那些活动，以及它们对组织安全与合规态势的重要性。与其他安全项目一样，漏洞解决方案的实施不是简单地将漏洞发现自动化,以提升合规性。实施一个从业务风险及效益着眼的健全 VM 计划,能够提供研究和改善各部门的现有流程的机会。在这一过程中及早纳入利益相关者是成功的关键,应该将其视为业务推动因素。

阶段	目标	任务项
设计	业务需求 计划目标 项目预算	• 审核业务需求,以帮助确定风险优先级和资产关键程度 • 审核业务合规要求 • 确定扫描过程包含哪些资产 • 确定扫描过程的频率类型 • 识别利益相关方,定义角色和职责 • 识别出需要被访谈并纳入漏洞管理流程的利益相关方和数据所有者 • 与利益相关方就需求、流程集成点和潜在风险或约束进行协作 • 确保IT团队和资产所有者在义务、度量和成功标准上达成总体共识 • 建立包含时间轴、优先级、规章和目标的VM策略 • 确定并保障漏洞管理计划有充足的资金和预算支持

图 13-1 漏洞管理设计阶段

实施和改进基于风险的决策,推动全组织范围内的安全意识文化,是各个安全项目中共同的主题。评估和修复活动必须根据威胁、攻击的可能性和对业务的潜在影响排定优先级。为了确保与业务的一致性,安全主管和团队需要意识到,业务影响的定义不应该来自安全主管或安全团队。网络攻击带来的业务影响应该由业务利益相关方确定,他们可以更轻松地定义依赖 IT 系统的业务服务或数据的重要性。在设计阶段,安全主管应该通力协作,并为数据与系统价值的分类提供框架与方法,然后以此确定风险优先级,确保 VM 计划和利益相关者活动的一致。

在大型复杂环境中,涉及全球团队、非固定工作人员、云迁移、DevOps 运营等诸多因素,确定计划的出发点可能是项挑战。如果您发现自己处于这种情况,制定 VM 计划时应该考虑以下指导原则。

13.1 爬、走、跑和冲刺

您不需要在一开始就全面考虑所有系统的集成。记住,成功的计划是随时可以扩展的。从确定有风险的最关键资产和服务入手,然后根据整体计划展示价值并扩展项目。

从较小的范围开始，让其他利益相关方了解漏洞和修复流程，就不会让他们在面对数以千计的"待办事项"时不知所措。这还能提供一个明确的时间范围以修复缺陷、发现其他资源或技术约束条件、证明工作的价值以获取更多预算，并使所有者们在处理关键事项时不会无从下手。

13.2　落实今天的工作，为明天做计划

尽管有些部门或资产可能不在漏洞计划首次集成的范围内，但未来您必须将其包含在内。无论是简单地规划扩展用来处理更多资产，还是规划业务或技术方向的变迁，从第一天起就要为发展做好计划。典型的实施方案可能从特定类型的资产、业务服务和部门开始。他们的焦点可能是外部漏洞系统、本地系统和云数据中心。同样，您应该通过排定关键业务功能的优先级，并将其映射到资产、威胁和组织的风险容忍范围，来确定风险分析的结果。首先，了解您的核心资产位于何处，以及在您的"城堡"中需要保护的东西。

13.3　一切出于商业价值

按照时间与预算要求实施漏洞管理流程是很艰巨的任务。遗憾的是，仅仅这样并不意味着成功。我们应该花一点时间深入研究什么才是成功实施。也就是说，我们如何阐明，这一项目给业务部门带来了价值。

如今，安全和风险已被视为"董事会层面"的问题，因为管理层越来越多地因为这些问题造成的破坏而被问责。瞩目程度的提高，要求高层管理人员更多地参与。最好在规划新的（或改进的）漏洞管理流程之前就寻求他们的参与，而不是在您执行计划遇到障碍和冲突之后。确定向资产所有者、经理和领导层传达企业相关威胁与风险信息的最佳方式，是使他们能够理解和发现 VM 计划价值的方式。如果您只是展示一张图表，说明组织内有 4000 个漏洞，那么我会说——这又怎样？设计 VM 计划的挑战在于，您如何以非技术性、有启发性的方式，量化"这项支出"的价值，以及对部门资源造成的影响。下面是一些建议。

- 使用对比分析方法。比如，说明我们上月的风险评分为 98，共有 10000 个漏洞；现在的风险评分为 72，共有 4000 个漏洞。

- 尽可能将风险水平与管理层和业务负责人理解的应用或业务流程联系起来。比如，我们的支付系统当前的风险水平为"中等"。

- 当媒体报道高风险漏洞时，做好阐述您是否处于风险之中的准备。如果您处于风险中，请说明您的团队能以多快的速度确定风险，并实施对应的修复活动。

- 使用服务等级协议（SLA）分析。使用 SLA 报告和仪表盘展示 IT 和资产所有者的总体表现并相互对比，以推动问责制。

确定了总体战略、优先级、预算、职责和度量指标后，安全主管和他们的团队就可以努力确保对总体计划的批准和执行承诺，并转入开发阶段。

第 14 章
漏洞管理开发

与整个组织的风险管理计划相一致且精心策划的漏洞管理计划可通过如下方式减少总体攻击面，从而推进这一过程：

- 确定组织中的资产及其优先级；
- 识别可能被攻击者利用的漏洞；
- 通过对业务的潜在影响排定漏洞优先级；
- 向关键业务所有者、管理层和审计人员传达相关风险；
- 度量防护与修复活动的效能。

那么，我们该从哪里开始？

图 14-1 是工程团队在计划开发阶段承担的一组典型任务。

阶段	目标	任务项
开发	技术需求 漏洞计划创建 供应商选择	• 将业务需求转化成评估、报告和修复的技术需求 • 将业务目标转化成可度量活动，包括修复的SLA目标 • 管理解决方案/供应商选择过程对应的RFP和/或"概念验证"活动 • 识别其他系统/过程的自动化、流程集成和价值创造机会 • 确定初期开发的详细资源需求、技能和/或资源缺口 • 确定持续漏洞管理流程的详细资源需求、技能和/或资源缺口 • 确定可能的约束，包括修复活动的覆盖面和/或可能的例外 • 确定计划成功的可能风险（技术、财务、政治、运营） • 与安全官员合作更新有关风险、约束、预算与时限的计划细节 • 制定漏洞管理流程关键支持人员的相应培训计划

图 14-1　漏洞管理开发阶段

14.1 漏洞管理范围

制定漏洞管理计划时,最终用户必须确定初始范围,以及日后需要添加的内容。从一开始就直接声明为网络中的全部资产制定计划,鲜有成功的案例。因此,必须考虑您的漏洞管理范围:在您的漏洞管理计划中,需要为第一组资产开发哪些功能?这组资产的范围最终会扩大到什么程度?只从 Windows Server 开始的情况并不少见,但在现实中,到某个时间点必须发现和评估所有风险。这将有助于初始阶段的计划制定,并使您能够随着时间的推移扩展解决方案,以满足业务目标。重要的是,随着解决方案的扩展,您可能需要多次重新回到"开发"阶段,验证您的优先级,调整范围和目标以确保成功。

14.1.1 操作系统

考虑漏洞管理流程的范围时,首先想起来的资产类别是台式机和服务器。这是自然的反应,因为从初级家庭用户到运行家庭网络的高级用户、再到安全专业人士,修补漏洞都已成为常见的例行工作。对于各类用户来说,不管是缺少专业知识的、还是有着高级技能的,保持机器更新都是极其重要的。这种意识很大程度上是媒体对黑客攻击的日常报道推动的,但硬件和软件制造商希望确保它们的客户得到保护,提倡好的安全行为习惯,也是一个推动因素。这看起来好像是常识,但许多组织并没有将所有服务器或台式机包含在漏洞管理计划的范围之内。下面是操作系统扫描中碎片化方法的一些成因。

- 有些组织可能错误地假设,只需要扫描面向外部的服务器,因为只有那些服务器会对组织形成威胁。

- 有些组织可能只根据分类或感知到的风险,扫描服务器的一个子集。

- 有些组织可能根据特定的监管要求,限制其扫描范围。例如,PCI 强制各组织必须扫描所有面向互联网的外部 IP。

- 有些组织可能认为,只应该扫描服务器,因为台式机本身没有任何敏感应用或数据。

- 有些组织可能不扫描笔记本电脑或者漫游设备,原因是连接性、复杂性或者觉得与这些设备相关的入侵行动风险较低。

当今的网络边界正在瓦解，加上攻击者的技术日益老练，确保服务器和台式机资产没有可见的漏洞，应该是您的漏洞管理计划最基本的要求。来自外部和组织内部的攻击者可能以任何资产作为目标。这是横向移动的基础。不管资产是关键应用或数据库服务器，也不管它提供的是不是非关键服务（受到侵害时只为黑客提供在组织内隐藏和横向移动的手段）都必须关闭这些攻击向量。

14.1.2 客户端应用

对于许多组织来说，为用户的台式机和笔记本部署补丁已经是一个老生常谈的话题。微软的系统配置管理器（SCCM）、Windows 服务器更新服务（WSUS）和 Windows Update 使信息技术管理员能够部署最新的微软产品更新。对某些公司来说，这似乎已经足够好了，但它们没有考虑任何第三方应用这是个严重的错误。事实上，并不是所有组织都有快速、轻松地识别、测试和快捷部署所有补丁的方法。此外，将评估和补丁过程仅限于 Windows 应用，可能为攻击打开大门。不管您的组织使用的是 Windows、Mac 或者两者兼有，第三方应用程序都存在严重的安全风险，已经成为网络钓鱼和勒索软件攻击的目标。

将客户端应用纳入漏洞管理计划，能帮助组织更好地认识到与遗漏补丁相关的风险，以及对第三方应用的支持。信息技术团队可以更快地排定修复活动的优先级，正确地修复微软和第三方应用中影响最大的漏洞，并跟踪度量补丁计划的总体效能。

14.1.3 Web 应用

Web 应用传统上一直是组织安全的最大威胁之一。与受益于已部署安全基础设施的传统应用不同，它们天生就更难以防御。为了检测和正确地防御 Web 应用威胁，您首先必须有识别这些漏洞的能力。这包括执行 Web 应用漏洞评估扫描。

识别 Web 应用安全威胁的最佳方法是执行 Web 应用漏洞评估。如果不能正确地识别和缓解这些重要威胁，它们可能使您的组织暴露在攻击之下。因此，实施 Web 应用扫描解决方案对未来组织安全计划至关重要。

按照定义，Web 应用扫描是一个自动化漏洞评估解决方案，可以爬取网站（自动或者经过训练），寻找 Web 应用中的漏洞。这个解决方案分析找到的所有网页和文件，并建立整个网站的结构。然后，扫描程序自动检查安全漏洞，方法是发动一系列常见的 Web 攻击，并分析漏洞结果。

Web 应用扫描程序可以执行静态应用安全测试（SAST）或动态应用安全测试（DAST）。DAST 测试从攻击者的角度出发，检查应用的运行状态，试图攻击该应用。SAST 采用的是另一种方法，查看应用程序的"内部"，审核源代码以找出潜在漏洞的证据。

选择合适的 Web 扫描方法和解决方案时，还要考虑扫描程序本身的操作者。应用程序扫描市场有两种主要的解决方案。

- 扫描广泛资产分类的企业漏洞评估解决方案，通常也覆盖 Web 应用程序。由于这些扫描程序的操作人员通常更通晓安全技术，这些工具往往涵盖较广的范围，十分依赖 DAST 或"黑盒扫描"以寻找漏洞。这种扫描程序很多都能较好地发现 OWASP Top 10 中描述的最常见 Web 漏洞。此类扫描程序的例子包括 Retina、Nessus、QualysGuard 或 Nexpose。

- 对于创建自有 Web 应用程序、在 Web 开发方面有深入知识的组织，市面上有能力更强、更专用的 Web 应用扫描程序。这些扫描程序的典型用例是 Web 应用团队扫描开发中的软件，以及部署到生产环境之前的 QA 环境。SAST 也可以集成到敏捷开发和 DevOps 自动化的安全开发生命周期中，以加强安全控制与检测，促进整个持续集成持续开发（CICD）环境内漏洞的早期检测与修复。这方面的例子包括 Acunetix、AppScan、Burp Suite 或 WebInspect。

随着 Web 应用扫描程序和相关技术的成熟，有了更加先进的交互式界面并结合 DAST 与 SAST 能力，一种称为 IAST（交互式应用安全测试）的新型 Web 应用扫描程序出现了。

避免生产环境留有 Web 应用漏洞不仅是一种好习惯，而且也是 PCI 和本书后面介绍的 FedRamp 等标准的合规要求。许多组织仅依靠网络扫描程序对生产应用执行有限 DAST 扫描的结果。这些扫描或许能帮助组织通过合规审计，但可能会在风险可见性上留下缺口。如果您也在创建自己的应用程序，那么在开发和 QA 环境中结合使用专用的 Web 应用扫描，并辅以整个生产环境中的基于网络的扫描程序，假设您有这些资源，可以为它们提供好的替代方案。

14.1.4 网络设备

网络设备没有受到保护，也可以对组织产生毁灭性的影响，攻击者可以借此进行横向移动、引发数据渗漏和服务中断。网络设备包括连接到您的网络的各种基于 IP 的设备，包括路由器、交换机、网关、打印机、物联网设备等。商用漏洞扫描解决方案支持数千个供应商，可用于检查遗漏的补丁、薄弱配置、糟糕的密码管理、开放端口等问题。攻击者可以侵入这些资产，以各种方法使用它们，包括破坏服务、获得攻击立足点、横向移动和信息泄露。

14.1.5 数据库

归根到底，业务就是数据。数据以信息经济学的形式具备资产价值，包括客户数据、员工数据、产品数据、医疗数据和财务数据等，都需要有效地保障安全并加以监视。由于数据库保存着公司最关键的资产，它们应该在规划漏洞计划范围时得到高优先级。和其他类型的资产一样，数据库很可能存在暴露企业数据的漏洞。数据库漏洞可能包括：

- 遗漏安全补丁；
- 默认账户与密码；
- 弱密码（容易猜测）；
- 未加以管理的密码（共享或不经常更改）；
- 错误配置；
- 过高的权限。

为了保护数据库资产，组织应该列出所有数据库平台，确定合适的漏洞扫描覆盖范围。此外，企业数据库存在于其他 IT 组件（包括虚拟机管理器、操作系统、数据库管理应用和 Web 应用）之上，并依赖它们。这些组件中的漏洞也可能暴露底层数据。检查数据库风险时，您必须确保将所有相关组件和潜在攻击向量纳入分析中。

14.1.6 平面文件数据库

数据库扫描得到了很多人的重视，但是，用户很容易忽略应用程序中使用的平面文件数据库，以及作为数据子集生成的本地数据文件。尽管对个人识别信息（PII）和数据泄露有严格的监管，但与保障平面文件数据库安全的最佳实践，以及如何缓解包含在其中的数据风险，相关的信息很少。

认为数据库应用服务器不如平面文件安全，是有一定论据的。对于某些人来说，这种说法似乎很合理，因为标准数据库解决方案更容易暴露为一个攻击向量。如果您认为，由于所包含的信息，某个主机上的任何文件都是敏感的，那么因为本地权限和操作系统本身的安全机制，平面文件数据库就更加安全。

但是，平面文件的安全取决于保护这些文件的权限、操作系统和应用服务。与广泛采用的提供内建审计、事件通知、加密和细粒度访问控制的关系数据库系统（RDBMS）解决方案不同的是，利用平面文件的应用可能依赖应用开发者提供这些服务。

在部署任何新应用或者审查原有应用时，我们希望提出一个调查应用程序数据存储能力的流程。微软操作系统将 Office 文档和 Access 数据库文件保存在"我的文档"目录中是个很好的做法。这使得用户保障文件安全很容易，但如果应用程序在网络上共享，情况就变得很糟糕了。应用程序不应该安装在为最终用户配置的目录中。

那么，对在非标准位置保存平面文件数据库的应用，该怎么办？如果应用程序使用非标准文件扩展名来减少文件关联，该怎么办？如果您的 Web 应用需要平面文件数据库，该怎么办？如果管理数据的应用程序提供另一个层次的数据访问控制粒度，又该怎么办？

审核新的或原有应用时，作为安全模型的一部分，应该考虑如下问题。

- 应用程序如何保存数据？
- 数据保存为何种文件格式？
- 是否可以用权限隔离文件，以保证文件系统的安全？
- 本地用户要访问文件，是否需要管理员权限？
- 文件能否包含与用户登录时不同的权限集合？
- 您能否用与登录用户和文件不同的权限，保护应用程序服务的安全？

- 创建的临时文件是否包含平面文件数据？当应用程序完成时，是否清除这些文件？

- 数据文件是否用密码保护，或者加密？

- 文件存储位置在哪里？它们能否被转移到一个标准位置，以进行备份、删除和安全操作？

- 有哪些审计机制，用于跟踪文件数据的访问和更改？

如果您的组织保存了可能违反监管合规措施的关键数据，请千万小心。您必须找出这些数据，并保证其安全，就像组织内部的其他安全流程那样。而且，要考虑如果这些文件不安全，发生泄露，您可能要负什么样的责任。根据所包含的数据，人力资源部的一个工作表也可能就是敏感的平面文件数据库。您的漏洞评估流程应该考虑到这种情况，并且能够发现 PII（个人识别信息）。

14.1.7 虚拟机管理器

虚拟机管理器技术（基于 VMware、微软 Hyper-V、XEN）使组织能够以虚拟网络为基础，将物理服务器和数据中心整合为虚拟容器中运行的虚拟映像，以降低成本，并增加跨开发、测试和生产 IT 环境的战略灵活性。如果虚拟机管理器遭到攻击，可能对其管理下的所有服务器和服务造成广泛影响。总之，虚拟机管理器和其他任何资产一样，也需要管理、打补丁和配置。

运行于虚拟环境中的映像包含组织所依赖的服务器、台式机、网络组件、应用或服务。除了扫描这些虚拟映像之外，组织还应该扫描底层的虚拟机管理器。注意，商业供应商之间存在一些差异，有些供应商提供扫描离线映像的更高级技术和先进的 API。在设计阶段选择目标和操作的时候，您有必要重点考虑这一点。

14.1.8 IaaS 和 PaaS

当企业应用和服务从物理数据中心迁出时，由于云的共享基础设施模式迫使 IT 部门放弃对网络和系统资源的传统控制，各组织开始失去可见性和控制力。因此，许多组织和云提供商会告诉您，安全仍然一直是担忧和困惑的根源。

在公共 IaaS 部署中，客户可以管理操作系统和应用，并在这一层面上实施控制和处理。在这种共享实施中，提供商通常在网络和虚拟机管理层上实施安全分层，其中可能包括防火墙、加密、IDS/IPS、VLAN 和漏洞及渗透测试。不过，它们的客户并不总能了解这些内部安全计划的细节和输出。

此外，云提供商很多时候并不提供操作系统或应用级别的安全解决方案，这些解决方案当然应该包括对共享、多租户基础设施上运行的企业映像和应用程序的漏洞和扫描。对于漏洞扫描，客户常常必须依赖提供商对网络和虚拟机管理器层的要求。随后，客户必须执行自己的扫描（如果得到许可），评估虚拟化操作系统和应用程序的风险。据此，核心安全责任（包括漏洞与渗透测试）更多地由提供商和客户共同承担，这可能在试图实施可靠的端到端安全战略时导致某些混乱和"灰色地带"。例如，"熔断"和"幽灵"漏洞被视为更大威胁的原因就在于此。虚拟机可能根据从内存中抓取的信息，在主机和虚拟机管理器之间跳转，甚至在共享云资源环境的不同客户之间跳转。最终用户无法看到其他实例或虚拟机管理器，以确定各种资源是否已经修复、可以避免这种威胁。毕竟，那不是您自己的计算机。

考虑到 IaaS 的这些挑战，许多组织可能选择采用私有托管云，作为平衡安全和合规要求与托管基础设施好处的一种手段。在私有托管云中，数据中心在由云提供商管理的专用硬件上虚拟化。提供商管理物理、网络和虚拟机管理器的安全，这一点与公共云很类似，但它们往往更愿意在这些计划与过程上对最终用户保持较高的透明度。一些私有云提供商还允许客户直接在隔离网络和系统上执行漏洞与渗透测试，它们是这些虚拟化环境中的关键组件。

在 SaaS 和 PaaS 部署模式中，组织对底层基础设施的可见性有限，同样要依赖提供商对网络和系统提供相应的安全保障与管理。在这些部署中，客户依赖提供商对扫描、补丁、配置和漏洞的要求。

虽然这些挑战因为交互模式——基础设施即服务（IaaS）、平台即服务（PaaS）或软件即服务（SaaS）——而有所不同，但组织最终必须理解它们的职责，并在设计漏洞管理计划时考虑到这些环境。尽管许多漏洞管理计划最初都是以企业本地资产为目标的，但越来越多的组织现在都扩展其漏洞管理计划，以包含部署在云端的服务器、应用程序和数据资产。

14.1.9　移动设备

攻击者越来越多地针对移动和远程机器。例如，混合型威胁（同时利用多种不同的缺陷,如通过电子邮件附件或短消息发送病毒,以及嵌入 HTML 文件的特洛伊木马)专门针对防火墙之外的笔记本电脑,以便在 ISP 连接期间对企业网络进行未授权的访问。

随着过去几年移动和远程工作者人数的爆发性增长,他们带来的安全风险也明显变大。由于利用多个攻击向量的新型混合威胁兴起,这些工作者越来越容易遭到攻击。一旦这些工作人员重新连接企业网络、黑客使用他们机器上的漏洞作为入侵渠道,对企业网络的威胁也就增大了。正如移动和远程用户数量的增加,他们的风险也会增加。今天,攻击的数量和复杂度都在增大,风险也是如此。过去人们充分理解的主要攻击类型只有少数几种,而现在组织面对的威胁数量太大,我们已经难以跟上了。

当今,行业专家一致认为,若要保护移动与远程机器以及它们通过虚拟专用网(VPN)访问或边缘防火墙内的企业网络,最好的手段是制定综合纵深防御战略。这种战略的组成部分之一是通过对整个移动环境内的漏洞进行可靠的清查、评估、排定优先级和修复,来评估攻击平面。

对信息技术部门而言,要对移动和远程机器抵御已知的最新威胁有信心,就需要有一种解决方案,来保证部署必要的修复或补丁,并使所有机器符合最新的企业政策;例如,要求所有机器安装最新的杀毒软件。

有两类工具可用于评估移动与远程设备的漏洞和状态。基于网络的安全工具驻留在企业网络内部,报告已安装安全代理的状态;而网络扫描程序检测开放端口,识别运行于这些端口上的服务,并揭示与这些服务相关的漏洞。这些解决方案可在移动设备连接到企业网络时报告,并将发现的情况上报给对应的管理员。

基于主机的漏洞评估工具驻留在移动或远程机器上,并审计这些机器的系统级漏洞,包括不正确的文件权限、注册表权限和软件配置错误。它们还确保系统符合预先定义的公司安全政策。

作为独立工具,这两类解决方案都能在某个资产进入网络时验证其风险,但对于抵御病毒感染和设备与企业网络的初始连接无能为力。业界已经开发了一些网络访问控制解决方案,以处理某些此类问题,但除非与其他工具绑定,否则无法有效地实施风险与漏洞评估。为了弥补这一不足,许多组织正在将漏洞管理评估结果与其网络访问控制策略和移动设备管理(MDM)解决方案进行集成。

14.1.10 IoT

物联网（IoT）设备并不是新生事物。我们多年来都在使用可访问 IP 网络的摄像头、警报系统和门禁系统。它们一直都存在风险与漏洞。但是，由于最近推出的语言数字助理、温度控制器、照明系统等都可以使用 TCP/IP 网络，我们将其归到同一类定义中进行管理，就像对 BYOD（自带设备）那样。

IoT 设备就是另一类连接到家庭或企业网络的网络设备。主要区别在于，它们是单一用途的设备，通常不包含符合安全最佳实践的特性，如最小权限或基于角色访问，而且，它们以难以打补丁甚至监控著称。

实际上，如果企业允许用户将 IoT 设备连接到有线或无线网络，就相当于将 BYOD 的概念延伸到用户可以带到工作中的专用设备。遗憾的是，MDM 解决方案并没有满足这一前提，除非不托管在业务网络上，否则这些设备的风险相当大。许多 IoT 设备需要补丁、使用默认或硬编码的密码或者配置不当，很容易成为攻击者的猎物。新一代分布式拒绝服务（DDoS）攻击（想想"未来"病毒）已经出现，它们的目标就是您的 IoT 设备。

目前，这些设备带来的便利性胜过了安全风险，但它们的风险和潜在的长期威胁正在引起政府、公司和消费者的注意。为了控制新问题，第一步是将这些设备纳入漏洞管理计划，以识别所有造成风险的可变部分。这包括制定可接受的使用策略、安全标准，并识别因为企业网络上存在 IoT 设备而已经发生的"影子 IT"现象。

14.1.11 工业控制系统（ICS）和 SCADA

现代化的生活依赖大规模系统的自动化。每当我们打开水龙头、电灯或者跳上火车，就需要依靠工业控制系统（ICS）或者监测控制与数据采集（SCADA）系统，来管理水净化、电力生产和公共交通信号等处理过程。可是，依赖计算机实施这些重要任务，要求对其安全性有绝对的信任，因为攻击可能扰乱这些必需的基本服务，从而导致经济灾难和公共卫生与安全体系的崩溃。

ICS/SCADA 系统传统上采用专有协议运行，保持"隔绝"以保护其关键任务功能，并确保周围社区与环境的安全。随着制造技术的成熟，各类组织已将 ICS

端点连接到企业网络,以实现简化 IT 操作的可伸缩性、集中化管理和成本节约。这种面向连接性的变迁,从专有协议到 TCP/IP 的过渡以及对关键基础设施引人注目的攻击行为,已经引起了最高层的严重忧虑。

此外,许多 ICS 供应商目前在其解决方案中使用了标准 IT 技术——通用操作系统、数据库、安全模块和协议驱动程序等,使其更容易遭到攻击。为了缓解这种忧虑,ICS-CERT(工业控制系统网络应急响应小组)提供了 ICS-CERT 警报,协助业主与运营商监控可能影响 ICS/SCADA 系统的威胁与行为。

对于拥有 ICS/SCADA 系统的组织,在设计漏洞管理计划时必须考虑这些可能为黑客提供攻击向量的系统和周边资产。大部分商业级漏洞扫描程序提供健全的功能集,以主动识别带有指定修复选项的供应商漏洞。

14.1.12　DevOps

研究漏洞管理计划的范围时,要考虑组织内外攻击者可能针对的所有资产的全部风险。

DevOps 是一种基于敏捷方法的软件开发和交付过程,旨在提供自动化手段,以迅速、频繁和更为可靠地构建、测试和开发软件。IT 组织寻求更大程度地利用自动化手段和 DevOps 过程,来提高创新水平和加快进入市场的速度,以实现竞争差异化。

DevOps 将开发和运营结合在一起,既能提供敏捷性,又能提高生产效率,但同时从安全角度看也引入了更多风险。DevOps 通常要求 IT 部门不仅将管理访问权限授予多名开发人员,还要授予管理访问权限配置管理和编排系统,这意味着对权限、补丁和配置管理必须有更紧密的控制。如果没有适当的控制,风险可能包括:

- 内部人员利用过多的权限或共享账户来泄露代码;
- 可能在生产环境中引入因疏忽而产生的漏洞、错误配置和其他应用弱点;
- 针对不安全代码和其他安全隐患的外部攻击;
- 部署恶意软件、破坏代码或造成其他破坏的自动化工具和脚本。

组织如果没有合适的控制手段以支持安全与合规目标,就不可能全面接受 DevOps。因此,组织必须安全地启用 DevOps(SDevOps),而又不妨碍业务的速度与敏捷性。基于这些原因，建议组织扩展漏洞管理计划的范围，不仅限于生产信息技术环境，还要评估 DevOps 中包含的所有自动化特征。

14.1.13 Docker 与容器

随着 DevOps 的发展趋势日益明显，应用程序组件化、并在容器内部而不是虚拟机上运行的方法也越来越受欢迎。这种方法使组织可以隔离应用程序需要的依赖项，从而减少容器本身的维护和安全开销。应用程序存在于容器之内，与主机分离。主机本身可以是一台 Windows 或 Linux 机器，其管理、安全保障和打补丁独立于应用程序本身。

这种容器方法实现了更灵活、快速的应用程序开发，而不必担心底层主机的兼容性和安全特性。此外，由于容器只包含应用程序依赖的软件，应用环境本身的攻击面也就更小了。虽然容器内部的漏洞数量可能减少，但并没有被完全消除，应该被包含在更广泛的漏洞管理计划中。不过，我们应该考虑对容器友好的漏洞扫描和补丁方法。

许多应用程序容器基于"容器模板"，也就是说，应用程序容器本身只是一个模板的实例。如果可以确定所有活动容器都是经过批准的模板实例，这些实例必须通过测试和发布控制，那么更恰当的非侵入式漏洞扫描方法可能是扫描模板库，以发现包含漏洞的模板。一旦发现，组织可以更新容器模板，重新将应用容器部署到生产环境中。

如果所有运行中的容器都无法与批准的模板相对应，或者运行中的容器允许在容器内部进行局部配置更改或更新，那么更恰当的方法是扫描每个生产映像以寻找漏洞。

最后，容器部署到生产环境之前必须采取多项措施。这包括容器及相关程序库的开发、测试和预发布。为了确保所有容器包含在评估中，组织可以考虑扫描活动和离线容器。

14.1.14 代码评审

瀑布还是敏捷——不管组织使用哪一种开发方法，代码评审（更确切地说是安全代码评审）都是过程中的关键步骤，特别是对于定制软件开发。为了最大化代码评审的好处，安全团队应该参与，并为开发团队提供安全编码技术的培训，以便他们将这种编码特征纳入评审中。除了人工代码评审之外，许多安全漏洞和编码缺陷可以用静态代码分析工具发现，这种工具是构建过程的一部分。这样就可以在代码编译和部署之前人工及自动化检查源代码，或者源代码的部分编译版本，以发现潜在漏洞。这种漏洞评估通常由开发人员执行，应该是任何编写、部署甚至销售定制代码的组织过程的一部分。

14.1.15 工具选择

漏洞管理计划通常被看成在整个企业范围内部署的漫长、复杂而负担沉重的项目。在前面讨论的计划和开发阶段中，应该识别和讨论影响这个过程的一系列因素。在构架漏洞管理计划时，确保技术、集成与流程实施能够灵活地处理未知的或者超范围的需求（这些需求可能随着时间的推移被吸收到项目中），是非常重要的。我们还建议，所构建的解决方案应该最大限度地降低定制化程度，利用标准协议作为可能的集成点，在构建时要尽可能地考虑广泛资产与用例的处理，以在可能时证明未来的安全投资。

为了最大限度地取得成功，在选择供应商时请考虑下面这个由 20 个高级选择条件组成的清单：

- 资产发现、剖析和管理能力；
- 异构资产覆盖；
- 虚拟桌面、服务器和应用支持；
- 云库存与扫描支持；
- 移动与 IoT 支持；
- 可伸缩性；
- 部署灵活性；
- 交付模式；
- 易用性；

- 误报；
- 漏洞更新；
- 威胁情报；
- 综合风险可见性；
- 报告；
- 风险优先排序；
- 补丁集成；
- 工单管理与工作流集成；
- 其他第三方集成；
- 技术支持；
- 定价。

将相关的选择条件加入评分中，来客观评价潜在解决方案的好处是一种常用方法，有助于确保所选择的特性按照优先级排序，与业务需求保持一致。附录 B 中有一份问卷（RFP）样本，可用于协助工具选择和供应商评分流程。

选择合适的工具，可以确保漏洞管理计划在风险覆盖、优先级排序、报告和修复方面达到合适的水平。但是，评估支持总体计划的持续维护和运营需求也很重要。很多时候，组织没有预先规划，确保相应的人员配备水平，以执行、分析和响应评估活动。管理解决方案持续运营所需的这些技能与资源应该被确定，如果可能的话应该纳入供应商选择过程。这对成功地持续运营解决方案是很有必要的。

14.2 漏洞管理流程

一旦解决方案开发完成并经过验证，管理该系统的职责就移交给了漏洞工程师（部署），制定初始漏洞扫描时间表后，漏洞管理生命周期的循环部分就开始了（见图 14-2）。

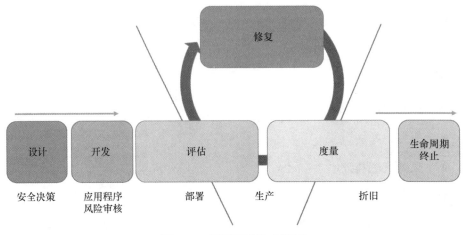

图 14-2 漏洞管理生命周期

14.2.1 评估

当资源部署到生产环境中时，就需要周期性的漏洞评估。评估是通过任何手段（如网络扫描程序或补丁管理解决方案）寻找风险的行动。漏洞管理是包含修复（缓解）和再评估的评估生命周期。为了本书的目的，我们将聚焦于组织内实施的这种生命周期的漏洞管理。

14.2.2 度量

漏洞管理生命周期需要周期性地频繁度量，以确定是否存在新漏洞，以及缓解与修复策略是否有效。通常，度量根据服务等级协议执行，以确定漏洞存在的时长：

- 公开披露日期；
- 评估解决方案中的审计发布日期；
- 漏洞发现日期；
- 缓解或者修复日期；
- 从发现到披露日期的 SLA 度量；

- 对业务有严重影响的显著风险的存在时长；
- 可接受排除或偏差数量。

报告和 SLA 度量有多种可接受的方法。高准确率的自动化方法显然是首选。但是，总有一些时候需要人工干预，包括如下情况：

- 例外情况验证；
- 误报或漏报的确定；
- 外部来源的一次性关联。

14.2.3 修复

对漏洞采取的行动可能有多种形式：

- 修复——真正应用安全补丁（更新）以修复漏洞；
- 缓解——删除软件、更改配置或有意地修改某个资源，以阻止漏洞（例如本地 HIPS）和潜在的对应漏洞利用（如果有的话）；
- 排除——由于修复或缓解策略将影响业务而接受漏洞风险（也称为偏差）。

以上是目前唯一可接受的漏洞修复分类。任何不属于上述类别的已识别漏洞都是过时的，被视为公开的漏洞。

14.2.4 冲洗和重复（循环）

漏洞管理生命期要求按照政策周期性实施评估、度量和修复。这一过程是持续进行的，并将适用于整个环境范围、资源和应用程序中的每个资产。

14.2.5 生命周期终止

不管采用何种缓解策略，生命周期已终止的资产对任何业务都是很特殊的风险。在这种技术被删除和被可支持的业务资源替代之前，底层风险始终存在。漏洞管理解决方案将持续识别生命周期结束的资源带来的新威胁，但不再有原供应商的修复补丁。因此，生命周期已终止的资产是个例外，在生命周期的最后阶段，风险与成本度量将最终决定您的下一步。因此，您要提出如下问题：什么时候风险会变得过高，以至于无法继续使用该资产？何时继续使用而不替换该资产将在成本和时间上都不可行？

14.3 漏洞生命周期中的常见错误

对于全球具有安全意识的组织来说，漏洞管理计划组成了降低风险的前线。但是，尽管漏洞管理技术被普遍部署，许多安全专业人员仍然难以决定如何最好地保护他们的组织、实现合规性并在企业范围内传达风险信息。

事实是，大部分漏洞管理解决方案都不能很好地帮助安全负责人，将漏洞与风险信息置于业务上下文中。面对大量死板的数据和静态报告，安全团队只能人工辨别真正的风险，并确定如何采取行动。

下文将说明如何避免漏洞管理中最严重的五种错误，来改善您的安全态势，保护关键 IT 资产，同时降低成本。

14.3.1 错误 1：漏洞管理脱节

保护企业资产的工作很有挑战性，即便攻击者没有通过桌面应用、员工自有设备、移动计算和社交网络利用新攻击向量也是如此。每天，您都会面对新的网络设备、操作系统、应用程序、数据库、Web 应用以及许多 IP 设备（笔记本电脑、服务器、打印机等），还有越来越多的 IoT 设备。

显然，当您的组织变得更加复杂时，漏洞管理也随之复杂化了。许多组织将不同的独立解决方案拼凑在一起，来完成漏洞管理的关键方面——评估、缓解和保护。然而，这使他们对安全局面的认识脱节，不仅更难以管理，而且代价更高。

解决方案

采用统一方法。在安全预算与资源的压力下，您必须尽可能采取最高效的方法——将漏洞管理的关键组成部分集中在单一解决方案中。答案就是统一漏洞管理，它能为评估、缓解和环境保护提供一个统一的解决方案，同时降低安全与合规的总体成本。

评估。漏洞评估必须采用可伸缩、非侵入式方法，为所有网络设备、操作系统、应用程序、数据库和 Web 应用提供统一的配置和漏洞扫描。关键是，漏洞管理包含配置评估，而不仅仅是补丁。设置不当的内部配置可能与来自外部的安全攻击一样有害。理想状况下，评估应该包括对所有资产的统一报告。

缓解。您需要规范性的指导与建议，有效地修复严重漏洞，并有策略地排定其他漏洞的优先级。确保您的解决方案遵循广泛接受的标准，包括与 SCAP 和 ASV（PCI）集成，进行评估、风险评分和报告。此外，寻求警报与通知功能，以便您可以对重大问题及时采取措施。

保护。当供应商尚未为其操作系统或应用程序中的漏洞提供补丁时，您需要 0day 保护。您的解决方案还应该通过入侵预防、应用程序控制以及 USB 和 FireWire 设备控制来降低风险。以单一解决方案的方式，将评估、缓解和保护集于一体，最终可以节约您无数的时间与金钱。

14.3.2 错误 2：仅依赖远程评估

运行远程漏洞评估适用于许多系统，但那些被防火墙阻挡或在隔离网络中的系统该怎么办？云和虚拟环境，以及移动和 IoT 设备如何处理？这都是可能遭到利用的潜在缺口。

在大部分环境中，不是所有系统都是网络可达的。因此，它们不可能在不影响稳定性、引入操作不兼容现象、中断业务进程或者使内外部监管合规性失效的情况下及时更新。仅依赖远程漏洞评估是不够的——事实上，这可能给您的组织造成虚假的安全感。

解决方案

通过远程和本地漏洞评估来补上缺口。为了实现真正完整的安全性，您需要远程漏洞评估，也需要用于不联网、未托管或"例外"系统的本地漏洞评估。使用轻量级的代理是评估这些类型系统的最佳方法。代理可以加强您的远程扫描，使其更容易满足严格的监管合规要求，根据这些规章，评估中需要本地凭据和更频繁的扫描。

结合本地和远程漏洞评估，您就可以：

- 强化您的安全态势，减轻监管合规的负担；

- 关闭不联网、未受控资产或"例外"系统的安全缺口；

- 掌握整个企业风险的真实情况。最后，您必须通过单一控制台，全面地查看所有扫描的综合结果，以确保完整的安全性。

14.3.3 错误 3：0day 漏洞没有得到保护

因为攻击者会找到渗透网络的新途径，0day 漏洞持续增加。显然，您需要安全保障手段以抵御这些漏洞利用和其他复杂的攻击。当然，与几乎所有公司一样，您已经部署了杀毒和反间谍软件解决方案。这些基于特征码的技术很有作用，但它们必须得到 0day 漏洞管理的补充，以在特定操作系统或应用程序的供应商补丁尚不存在的情况下保护系统。持续的 0day 漏洞监控与保护是当今威胁环境下的必要手段。

解决方案

增加保护层。用一个阻止 0day 漏洞的附加层扩充杀毒和反间谍软件工具等基础安全组件。理想的解决方案是利用基于主机的入侵预防引擎，以动态收集并实时加入新的威胁数据。有了这种系统，您就可以实施策略，保障组织免遭可能侵害您的系统与数据的针对性电子邮件或互联网攻击。0day 保护可以在如下方面帮助您：

- 在供应商尚未提供补丁保护操作系统或应用程序漏洞的情况下，以入侵预防和 0day 保护降低风险；

- 通过设置允许哪些应用程序运行的策略，及阻止对特定注册表设置的修改，来改善系统保护；

- 通过规范 USB 和 FireWire 设备访问，以及避免敏感或机密数据转移到个人存储设备，来结束数据盗窃与泄露。

14.3.4 错误 4：分散的可见性

分散的安全可见性是许多组织都存在的隐患。很多组织在个别位置上执行评估、缓解和保护活动，但缺乏对企业整体的管理。快速识别哪些资产风险最大，对于组织的整体健康是不可不少的。但是，难题在于寻找一个具有强大分布式架构、并有能力提供单一管理点和全企业可见性的解决方案。

解决方案

集中可见性。为了实现集中可见性，可以寻找一种全面集成、完全基于 Web 的安全控制台产品。这种产品很容易附加到某些漏洞管理解决方案中，显著简化分布式复杂基础设施的管理，同时提供真正的端到端保护。关键是在寻找、修复和保护最紧急的漏洞，并有策略地排定其他漏洞优先级时变得更加高效。寻找一个面向工作流程的控制台，使其更容易满足监管和安全合规要求。而且，提供资产驱动架构的解决方案将使您能够对资产进行逻辑分组，而不需要考虑它们的 IP 地址和业务功能。但是，您还应该能够按照业务功能或事件以及资产查看风险，并排定其优先级。

14.3.5 错误 5：为了合规牺牲安全

是的，您必须满足合规要求。许多组织十分重视合规要求，这当然是明智的做法。特别是对于如 HIPAA 和 PCI 这样的监管规范，审计失败（以罚款的形式体现）不仅代价很大，还可能让客户失望。有些备受瞩目、广为传播的泄露事件突显了组织出现疏忽时的后果。但是，真正全面的安全措施不仅需要重视合规性，还要重视更广泛的安全与漏洞的管理。

解决方案

创建一个安全基线，并根据那些标准进行度量。制定包含合规在内的全面、战略性安全举措。寻找一个解决方案，让您轻松地创建一个安全基线，然后根据那些标准进行度量，能够促进上述举措。从那里入手，您应该就可以根据内部安全策略和监管合规要求进行度量。换言之，实施一个能为您提供合规性工具的解决方案，然后超越那些监管要求，以真正改善安全态势并减小风险。

14.4 常见的挑战

除了漏洞管理部署的技术挑战，业务本身也可能带来挑战。下面是组织可能面临的几种常见的挑战。

14.4.1　老化的基础设施

保护一个组织的系统和数据免遭越来越复杂的威胁，需要与攻击者发动的战役一样精密的纵深防御战略。然而，正如我们所讨论的那样，任何网络安全计划的一个必要组成部分包含可轻易实现的目标——也就是为漏洞打补丁和更新旧软件之类的基本任务。许多商业组织和政府机构面临的挑战是存在遗留 IT 系统，这些系统增加了环境中的风险。这些风险包括从台式机上的过时组件与软件到网络设备，为外部黑客和内部人员提供了极具吸引力的目标。

升级基础设施和遗留应用是代价很高的工作，需要停机时间和资金，因此在排定安全支出的优先级时，许多组织继续将这一投资放在次要位置，也是可以理解的。而且，许多组织可能没有将老化的系统和应用程序当成优先事项，特别是在它们不包含敏感应用或数据的情况下。然而，即便在这些情况下，它们仍然为攻击者提供了一个立足点，忽视老化的基础设施的代价可能比无法使用一台 Windows XP 工作站要高得多——也就是说，它可能引起一次毁灭性的攻击。因此，组织和政府机构必须意识到老化资产的相关风险，并适当地优先考虑不升级组件和软件所带来的风险。另外，组织必须主动计划相应的维护和系统卫生工作，作为其持续安全战略的一个组成部分。

14.4.2　计划的深度与广度

在一个由网络、Web、虚拟、云和移动资产组成的大型异构 IT 环境中，深入认识风险需要如下条件：

- 综合的风险视图——理解来自分散、独立安全工具的多种风险数据；
- 以商业术语量化风险——辨别安全隐患对业务运营的独特影响；
- 多种监管要求——阐述多种监管要求的合规性；
- 输出重要的内容——为管理层、审计人员和其他利益相关者创建和定制报告；
- 0day 与客户端漏洞利用——确定 0day 威胁和客户端漏洞利用的潜在风险；
- 计划监督——确认安全控制就绪并有效运作；
- 修复过程——研究修复选项，并估计其潜在影响和相关成本；

- 漏洞和补丁管理——有效地连接漏洞与补丁管理过程；
- 处理例外情况——考虑"例外"系统，以及不断变化的网络和配置文件；
- 复杂架构——评估远程办公室基础设施和复杂网络架构；
- 协调全球团队——动员本地、全球和委托的管理员。

14.5 制定计划

现在，我们对业务与技术需求、挑战和常见错误已有所了解，下面让我们经历一个为漏洞计划搭建框架的过程。这是理解开发阶段的最后一步。

14.5.1 步骤1：要评估什么

任何成功的漏洞管理流程的第一步都是确定需要评估什么。这包括如下条件：

- 按照功能、业务单元、操作系统、任务关键性、最重要数据的存储等条件，进行逻辑分组；
- 评估技术栈，如数据库、虚拟机管理器、虚拟机、容器、BYOD、IoT、工业物联网（IIoT）、SCADA、ICS 等；
- 根据地区、国家或监管单位的地域性组织；
- 根据 DMZ、网络、分区、子网或业务功能进行逻辑网络和区域分组；
- 活动目录或 ServiceNow 等资产管理系统中使用的基于资产清单的逻辑分组。

14.5.2 步骤2：评估配置

与评估目标同等重要的是，正确、详细地扫描评估应该选择哪些参数。这包括如下条件：

- 空会话扫描提供了"黑客"视角——定期执行，为可被远程利用的漏洞提供快速评估和网络可见性；
- 凭据扫描通过远程登录目标（与平台无关），提供所有现存漏洞的深入视图；

- 使用网络扫描程序进行远程评估和开放端口评估；
- 对难以触达或经过加固的系统使用代理；
- 执行边缘扫描；
- Web 应用扫描；
- 配置合规性；
- 开发期间的代码分析。

14.5.3 步骤 3：评估频率

有许多因素可以决定扫描频率，从规章、内部 SLA 一直到包含自动化与 DevOps 的环境，不一而足。一般来说，扫描频率应该由如下因素决定：

- 资产或环境的变化频率；
- 新威胁出现的频率；
- 修复和缓解计划的频率。

在这些变量中，任何一个都可能影响评估需求（提高或者降低频率）。问题是，评估这些需求所采用的最佳技术是什么？可以考虑如下技术：

- 按需评估验证或适应性反馈；
- 在新资产转移至生产环境之前扫描（特别是 DevOps 和自动化）；
- 频发情况的扫描（建议）；
- 自动化/反复漏洞评估（建议）；
- 以编程方式由事件触发（SIEM、NAC 等）。

14.5.4 步骤 4：确定所有权

大部分组织遇到的主要问题之一是资产、评估和修复活动的所有权归属。这包括从固件、补丁、操作系统到任意应用等全部资产。

14.5.5 步骤 5：数据与风险优先级排序

没有人喜欢为了工作或者休闲阅读字典或者电话簿。漏洞评估解决方案可以产生大量类似于电话簿的有意义数据。由于频繁评估的要求很常见，完整的报告除非归纳为有意义和简洁的格式、可用于优先级排序，否则在日常工作中就没有用处。现实中的数据优先级排序可以考虑如下威胁情报：

- CVE 和 CVSS 以外的风险评分；
- 存在针对该漏洞的恶意软件工具套件；
- 可实际利用漏洞的渗透工具；
- 外界环境中存在的漏洞利用；
- 0day 漏洞情报；
- 来自暗网或其他情报提供者的数据；
- 成功的缓解与修复建议。

14.5.6 步骤 6：报告

作为漏洞管理生命周期的一部分，传达评估结果是至关重要的。评估报告必须精确、简洁，对可以采取的修复或缓解措施有清晰的指导意见。与任何解决方案和全球业务需求一样，不管供应商多么努力地预测需求，通过报告传达的响应措施总会存在不足。所有报告的目标应该包括：

- 报告应该自动化生成，并及时交付；
- 允许创建定制和临时报告，满足独特的要求；
- 提供对报告及其包含数据的基于角色的访问；
- 在日志中记录用户访问详情，避免数据盗窃；
- 提供通过第三方解决方案的访问途径，便于定制集成。

14.5.7 步骤 7：修复管理

修复流程（包括缓解和排除）的定义是漏洞管理生命周期中的可操作性指导与执行。这一步决定了整个漏洞管理计划最终的成败。虽然您能识别漏洞，但是如果它们只是被记录下来而没有得到解决，漏洞管理流程就处于危险之中。此外，需要注意的是，漏洞管理不是一次性的过程，必须像发条装置一样循环往复，以真正有效地缓解风险。为了规范修复流程，请在将其应用到资源所有者身上时考虑如下问题：

- 按照漏洞严重性和资产关键性（"皇冠上的珍珠"）确立 SLA；
- 人工修复；
- 自动修复；
- 补丁管理集成；
- 缓解措施；
- 外包修复；
- 管理例外情况；
- 编制风险文档。

没有能够降低全栈风险的健全修复措施，漏洞管理流程就好像只是堵上大坝上您力所能及的缺口。在您掌握之外的缺口可能导致下一次的决堤。修复流程是生命周期中风险最高的一步，根据漏洞评估数据，它目前的运作情况尚未达到预期。

14.5.8 步骤 8：验证与度量

漏洞管理的闭环过程要求风险的持续再评估以及有文档证明的度量措施，以确定风险存在时间，是否已修复、缓解或排除。这一过程借助报告来说明进行的活动。基本度量方法可以包括：

- 确认漏洞已修补、结束、修复或不再存在（例如不再安装有漏洞的软件）；
- 服务等级协议（SLA）；
- 风险分析；

- 投资回报（ROI）；

- 支持和更改工单。

度量与验证是漏洞管理闭环过程的最后步骤。如果这些过程不能被正确执行，就无法度量威胁缓解措施，对业务的风险可能升级或者失去控制。此外，由于漏洞数量将因新的公开披露而随时增加、修复过程永远无法跟上，这可能会影响到漏洞评估流程本身。

14.5.9　步骤 9：第三方集成

漏洞评估数据不是孤岛。它最好在运营与安全、审计与行政管理等各个团队中共享，从多种角度理解业务风险。没有任何一个漏洞管理解决方案能独自完成这项任务。因此，所有漏洞评估技术都依赖广泛的第三方集成，以提高对其他学科的了解，并为更多的工作流提供工具。

最常见的高 ROI 集成点包括：

- 安全信息事件管理程序；

- 咨询台和呼叫中心；

- 身份访问管理（IAM）；

- 威胁情报；

- 云（私有和公共）；

- 移动设备管理器。

值得注意的是，由于供应商不同和自身架构的原因，您的漏洞管理计划的架构可能大不相同。有些供应商基于 SaaS，有些基于本地设备，有些则两者兼有。有些供应商使用客户端/服务器架构，其他则更多地基于网格或点对点架构。从技术上说，这些解决方案适用于几乎所有的组织，因此就某种设计优于其他设计的地方给出建议超出了本书的范围。各种方案的差异在于执行情况、部署与维护的成本，以及第 15 章中介绍的其他部署问题。我们所能给出的最佳建议就是，询问每个供应商的参考架构，并了解它们如何叠加到您的组织中。这将有助于您确定兼容性和成本。

第 15 章
漏洞管理部署

在实验室和/或试验性部署中进行了全面测试和验证漏洞过程及相关技术之后,就迎来了将其投入生产环境并持续运行的时机。我们建议在企业部署时,分阶段地实施漏洞管理解决方案及支持流程。这种受控方法使部署团队能够使用托管方法发现并处理所遇到的挑战。根据多年经验来看,一次性实施鲜有成功案例。图 15-1 精选了成功部署所需的任务。

阶段	目标	任务项
部署	技术实施 运营移交 评估生命周期	• 在生产环境中部署各个解决方案 • 对利益相关者进行必要的培训,包括修复、例外处理和SLA报告 • 与IT和安全团队协调资产扫描排期 • 在测试环境中开始评估生命周期 • 与资产所有者会谈,评估结果并指导修复过程 • 解决技术、过程、政治和/或资源问题 • 从安全工程团队正式移交给漏洞工程团队

图 15-1 成功的漏洞管理计划的部署任务

为了确保长期成功且在部署阶段获取人员支持,建议逐步开展漏洞管理计划。这种方法可以确保与实施、扫描、扫描结果、第三方集成、修复与培训相关的问题和风险得到缓解和管控。渐进式方法与"大爆炸"式方法不同,它考虑了漏洞信息的敏感性,对可能导致故障、可能给业务带来负面影响的目标执行网络扫描时保持谨慎态度。

虽然组织的实施阶段可能大不相同,但我们将讨论三种初始部署方法,这些方法能以容易管控的步骤,摸清环境的运行状况。

15.1 方法 1:仅针对关键和高风险漏洞

在这种方法中,组织可以配置其漏洞扫描程序,仅用于检查关键和高风险漏洞。与全局审计扫描相比，这种方法有多种优势：

- 不执行对用户账户或网站有不利影响的审计；
- 可在少量或没有用户干预的情况下精确识别会被利用的漏洞；
- 潜在的合规数据和信息数量将会减少；
- 业务部门和安全团队可以将重点放在可能中断正常业务运营的最高优先级事项上；
- 一旦关键和高风险漏洞修复后达到可容忍的水平，组织可以扩展漏洞计划。

这种方法可以针对性地扫描设备，只将最严重的漏洞纳入审计范围。它有助于确定：

- 补丁管理功能满足修复服务等级协议的程度；
- 包含敏感数据的设备是否可能在很少或完全没有干预的情况下遭到入侵；
- 能否识别包含严重漏洞且可能停止使用的设备，以便更换。

这种方法有几个缺点：

- 不包含低严重性的合规相关审计；
- 不进行识别用户名、用户组、流氓服务与进程的基本审计；
- 基于应用程序的漏洞可能被排除在外。

15.2 方法 2：统计抽样

许多监管合规举措（包括 PCI DSS）允许对资产进行统计抽样，以执行有效的漏洞管理策略。为了成功实施该方法，所有设备类别的样本必须体现为大约占环境中设备总数 10% 的一个分组。此外，必须证明台式机等主机的映像标准化，以验证统计抽样方法。

请考虑如下因素：

- 环境中的所有操作系统；
- 基础设施中的所有应用程序；

- 所有硬件、网络设备和打印机。

上述的所有设备都必须包含在目标组中,任何版本或平台都不可以排除。样本可以进行所有审计扫描,或只对针对性漏洞进行扫描,以报告环境中的各种趋势。除了建立映像的过程之外,无基线漂移的标准化证明对这种方法也是绝对重要的。

统计抽样有多种好处:

- 目标和对生产设备的风险有限;
- 验证合规管理措施和映像标准化;
- 与评估整个基础设施相比,扫描速度更快;
- 基于样本的统一报告;
- 扫描和修复活动的结果可以是完整、可度量的,提供了以可控速度扩大漏洞计划范围所需的信息。

反过来,这种方法也有缺点:

- 不能识别流氓资产;
- 排名靠后的漏洞和"一次性"漏洞无法识别,仍然容易遭到攻击;
- 可能遗漏攻击引起的端口、服务、进程和用户变化。

15.3　方法 3:根据业务功能针对性扫描

环境中的许多设备为业务提供支持功能,但与关键信息并无直接联系。考虑一个 Web 应用:只有 Web 服务器和提供支持的基础设施有权访问任何中间件和数据库。Web 应用漏洞评估扫描将揭示任何缺陷,指出哪些缺陷有可能遭到利用,通过这个入口点渗透到目标。因此,评估每个仅通过 Web 与关键数据连接的工作站过犹不及,也就是说,只需要扫描 Web 应用和 Web 服务器,而不是扫描所有访问它们的机器。较好的方法是跟踪"城堡中皇冠上的珍珠"。企业必须确定所有关键业务系统的位置,并相应地进行分组。对这些设备的扫描将针对所有可能的入口点,并且应该仅发生在预先确定、可接受的扫描窗口中。这种扫描还必须考虑任何潜在的横向移动,才能取得成功。

这种方法通知各方，网络扫描将要发生（在故障或停机情况下），以及所有关键系统都没有高等级风险。

该方法具有如下优点：

- 扫描仅发生在可接受的时间；
- 包含敏感数据的系统被验证为无风险；
- 扫描和修复活动的结果可能是完整、可度量的，团队可以以可控的速度，将漏洞计划扩展到其他应用和服务上；
- 扫描窗口之外的扫描和攻击可能是入侵的迹象。

针对性扫描具有如下缺点：

- 非关键系统没有得到评估，可能成为渗透到组织的滩头阵地；
- 人工确定主机的过程可能导致针对性扫描中遗漏某些系统；
- 很少或无法检测流氓资产；
- 扫描窗口中真实的攻击可能被忽视，并被当成评估的一部分。

这三种方法代表着漏洞管理计划的保守实施。它们考虑了漏洞信息的敏感性、对组织内部容易出现故障的目标执行网络扫描的谨慎态度，以及团队在漏洞评估扫描上经验较少（或没有经验）的情况。这些方法与更注重资产分类（从服务器开始，然后是工作站，然后是网络设备等）或按照地理位置的传统方法略有不同。不管采用何种模式，重要的是了解工作过程中需要监控和改善的多种其他技术、过程和人为因素。为此，我们已经列出了部署阶段需要考虑的其他最佳实践因素。部署完成之后，完整评估的全面提升显然取决于成熟度和管理修复周期及流入数据的能力。漏洞管理的成熟度模型已在前面的章节中做了介绍。

15.4 团队沟通

交流漏洞调查结果的最常见方法是通过报告、集成工单系统或者定制电子表格（通常由最终用户定制）。这些都可以自动生成、通过电子邮件递交、在存储库中保管或者通过 SharePoint 等工具托管。要点在于向所有团队成员传达威胁、风险和修复策略，以便及时做出响应。很多时候，为了排定风险优先级或推迟行动，将围绕缓解策略、误报和例外情况展开讨论。这些现象都是可以接受的，工作流程和资产所有者必须适应此类交流。可以通过会议进行交流，但在大部分现代化组织中都采用电子邮件的形式。遗憾的是，电子邮件由于本身引起的自满情绪和组织架构的缺失，弱化了我们的沟通。如果必须通过电子邮件来传达威胁和风险，可以考虑下文所述的指导方针和建议，以解决"你看过我的邮件了吗？"这个老生常谈的问题（事情的真相是，我没有看，也不会看，它是不值一读的）。因此，如果您的漏洞管理计划确实依赖电子邮件，可以参照以下关于威胁与风险邮件撰写方法的方针，以方便解决方案所有者确认并采取行动。

- 目标——电子邮件或召开会议的目标显然是以简洁的语言传达信息。
  - 不要长篇大论。
  - 聚焦于需求和预期。
  - 明确设定时限。
- 简洁性。
  - 避免冗长的描述。如果您发现写了很多这种文字，就说明细节过多了。
  - 专注于问题，而不是背景信息或相关情况，除非完全相关。
- 重点。
  - 项目符号或者编号列表有助于标记重点，提升可读性。
  - 编号有助于为回复提供参照点。
- 清晰性。
  - 使用完整、正确的姓名。仅用缩略语、昵称容易造成混淆（注意同名同姓的情况）。
  - 一定要包含对解决方案的明确期望，包括指定团队成员、合作伙伴、客户和各方的具体操作项目。
- 主题。
  - 主题栏应该尽可能简短，但要清晰地总结讨论内容。不应该有任何歧义。

- 确保主题栏与讨论相关，不要更改它。
- 如果您更改了主题栏，从正文中删除不必要的部分，并将其视为新话题的开始。
- 使用密件抄送（BCC）。
  - 发电子邮件给外部人员时，避免包含开发者等内部资源。
  - 如果有必要的话用密件抄送给他们，但每个组织中都有一些团队成员不应该对外公开。
  - 当密件抄送对象中包含管理层时，也可以将其看成一种非正式的升级方法，这样使用有可能被视为无礼或越权的举动。
- 使用行动项目。
  - 清晰地说明问题和行动项目（包括日期和姓名）。
  - 不要提出总体要求，没有人拥有这种权力。
  - 如果您不清楚行动项目，会议可能是更好的方式。
- 概述——如果您向某人转发一个长的电子邮件链，在开头添加一个简短的概述。
- 会议邀请邮件。
  - 确保会议名称与意图相符。参见上文中的主题栏指南。
  - 参会人员。
  - 仅邀请必要的参会者。
    - 如果您不确定应该邀请哪些人参会，请查明情况，并与经理和领导交流。
    - 如果某些参会者不打算交流，或者对任何行为负责，他们可能就不必到场。
    - 如果有人参会只是为了"了解情况"，最好事后给他们一份总结或纪要。

- 加入会议日程。
- 关键是紧扣会议的主题。
- 简单地提醒会议内容,这对忙碌的人必不可少。
- 让参会者有机会做会前准备。
- 避免冗长的会议主题,例如"当我邀请您到会时……"
- 清晰地说明会议目标。
  - 会议的目的是什么?
  - 我们将在哪里开会?
  - 我们打算解决哪些问题?
  - 尽可能将目标或讨论要点与所有者联系起来。

改善安全方面的沟通,使其更加清晰、简洁,将有助于改善整体安全态势。良好的书写技巧很有帮助,但最好是以每个人都能阅读、理解并能据此行事的电子邮件表达。

15.5 网络扫描程序

任何基于网络的漏洞评估扫描程序都应该遵循一条基本原则——在电子信息层面尽可能地靠近目标。任何带宽、延迟、封包整形、QoS、端口过滤或访问控制列表都可能影响基于网络扫描的性能,从而影响结果的准确性。虽然这种情况很容易通过部署更多网络扫描程序来克服,但设备成本、远程位置和物理安全性可能成为总体架构中的决定因素。此外,边缘扫描必须允许完全不受限制的访问(非凭据),以评估公共地址空间是否符合 PCI 等监管要求。因此,为了得到准确的结果,必须将供应商扫描解决方案的 IP 范围加入白名单。这种"简单"的配置更改必须应用到防火墙、负载均衡器以及任何保护前向网站和互联网应用的基础设施和安全解决方案中。现在,这一切听起来不像最初请求将扫描程序加入"白名单"那么简单了,而是一个相当复杂的过程,尤其是在您需要扫描窗口的情况下。遗憾的是,对您的组织来说,这可能是实实在在的需求,同样的原则也适用于您的内部网络。内部网络上的同类设备和策略可能阻碍方案评估,并导致不稳定的结果。组织架构必须考虑到这些因素。如果您有所疏忽，您的漏洞评估解决方案可能会发出大量封包，并导致从拒绝服务到账户锁定的各种问题。

15.5.1 防火墙

防火墙的目的是根据端口、应用、来源和目的地，拦截或重定向有害的网络流量。尽管有人宣传网络边缘正在瓦解，但防火墙仍是您面对恶意互联网流量以及威胁行动者工具套件的第一道防线。不管是外部还是内部防火墙，现在您都应该已经清楚它为什么会给网络扫描程序带来问题了。网络扫描程序需要从自身到目标的一条清晰的通信路线，并且应该能够不受限制地评估目标的每个端口。一般来说，信息技术管理员将把扫描程序加入白名单，使其穿越防火墙以实现目标，但通过防火墙扫描仍有一些其他的固有问题，是团队成员一般意识不到的。

- TCP 会话总数限制——大部分防火墙有大约 64000 或 256000 个并发 TCP 连接的限制。对于全部端口、全部审计的扫描，由于单个目标可能会尝试同时打开全部 65535 个端口，从而消耗掉防火墙上的所有资源。这将导致防火墙拒绝服务或者停机，在旧设备上，已知此类情况会导致防火墙被迫重启。
- 原始封包丢弃——防火墙的设计是通过规则接收流量，并将其传递到对应的目的地。这可能涉及网络地址转换（NAT）或者简单 IP 转发。如果封包存在异常，并且不符合 RFC 规范，就可能被丢弃。这也就成了一个问题。大部分漏洞评估解决方案产生异常的原始封包，然后从目标查看结果，以确定是否存在漏洞。虽然这通常是空会话扫描的一部分，用于确定基于网络的漏洞是否存在，并且可能包含或可能不包含利用代码的片段，但由于没能产生结果，这些异常封包将被防火墙丢弃，漏洞也就无法被发现。

因此，我们建议的最佳实践是，除非绝对必要，否则不要通过防火墙进行漏洞评估。很多时候，您甚至可能没有意识到，这样做会影响您的评估，并可能给您带来安全假象。

15.5.2 IPS/IDS

入侵预防与检测系统的设计是为了识别和拦截恶意软件、僵尸软件、威胁行动者等生成的潜在恶意网络流量。它们的设计原理是深入挖掘网络流量和封包，寻找特征码、模式和网络及用户行为，以确定可疑和明确的错误。

考虑一下，威胁行动者可能有如下行为：

- 使用网络扫描程序或类似工具包渗透到环境中，寻找要感染的易受攻击的主机；
- 基于蠕虫的勒索软件或僵尸软件可能利用网络传播；
- 恶意流量可能来自不受信任的来源；
- 通信可能发生在非传统或此前未使用的端口上；
- 病毒感染可以利用现有的可信连接横向传播。

IPS/IDS 解决方案可以很好地识别和抵御大量此类威胁。遗憾的是，典型的网络漏洞评估也会触发这些解决方案。结果可能是：

- 网络流量被拦截，或者到达目标时不完整；
- 自动隔离网络扫描程序的流量；
- 解决方案向 SIEM 或其他利益相关者发出虚假警报；
- 由于扫描程序产生的日志噪声而掩盖了真正的威胁。

如果信息技术团队必须在包含 IPS/IDS 的网络上实施基于网络的漏洞评估，扫描程序及其所有流量必须被加入白名单。最重要的是，团队应该在扫描发生时得到通知，以区分潜在威胁和意料之中的流量。

15.5.3 封包整形

封包整形解决方案旨在优化网络流量和带宽。它们是十分有效的解决方案，可以控制网络数据包的流动，并可以执行高级功能，如延迟数据包发送以便根据优先级支持其他流量。由于基于网络的漏洞扫描程序需要不受更改、不受限制地访问目标才能执行评估，封包整形或流量修改技术显然会歪曲测试结果。因此，不建议封包整形技术与网络扫描程序一同使用。只要事先知道封包整形解决方案的存在，简单的路由跟踪就有助于通过 IP 地址确定这些解决方案是否作用于您的网络扫描流量。希望网络架构师可以在您设计漏洞管理架构之前，帮助您识别这些设备、防火墙和 IDS/IPS 解决方案。它们将影响您的设计,您可能需要更多的扫描程序,或者排除流量修改的策略。

15.5.4　QoS

服务质量(QoS)技术在概念上与封包整形类似,但它不存储和转发数据包以满足通信要求,而是为 TCP/IP 数据包加上有优先级信息的标志,由路由器、交换机和主机处理,以满足业务和网络需求。与封包整形类似,对流量和时间的任何更改都可能影响结果,严格的 QoS 策略通常会妨碍评估。基于漏洞的网络扫描程序应该被排除在 QoS 策略之外,并被允许在网络上不受限制地流动。

15.5.5　Tarpit

Tarpit(原意为"焦油坑""沥青坑")是计算机系统或网络上的一种服务,它有意地从初始化和响应来延迟入站连接。开发这种技术的目的是抵御基于计算机的蠕虫,减慢其检测、感染和传播,使之不至于以网络计算机操作的速度发生——这种速度通常很快。本质上,Tarpit 在网络通信中引入一个时滞,使其速度下降到人类能够忍受的水平。这一术语取自真正的"沥青坑",动物陷进去就无法轻易逃脱。

如果您再一次考虑网络漏洞评估扫描程序的基本需求,Tarpit 将使网络扫描程序变得很缓慢,直至停止。扫描程序将永远无法正确地完成对目标的评估,从而永远无法完成扫描工作。Tarpit 必须被禁用、可被网络扫描程序检测到,或者在基础设施中允许扫描程序操作(白名单),以成功地完成漏洞评估扫描。

15.5.6　蜜罐

蜜罐是一种计算机或网络技术实现,用来检测、转向或反制未授权的资源访问企图。它提供一组"虚假"的重要资源或服务,以吸引威胁行动者尝试剖析或入侵,也可以称作"欺骗性"安全防御技术。典型的蜜罐包含看起来像是真实环境合法部分的数据,但实际上这些数据是隔离的,并且对攻击采取了监控措施。进入蜜罐的流量可能是基于 IP 的,或者是从许多地址路由到单一目的地的端口。例如,端口 25——SMTP 不应该在客户端网络上打开。所有以最终用户工作站子网上的端口 25 为目标的流量都可能被重新路由到一个蜜罐，以捕捉和调查。

为了部署任何漏洞评估扫描程序，蜜罐应该具有如下功能或特点。

- 从任何漏洞评估扫描中排除。只有支持蜜罐的资源应该被评估，并希望它们可以安全地通过一个单独的 IP 地址和指定的管理网络，成为评估目标。
- 包含到蜜罐端口路由的子网应该将扫描程序加入白名单，或者禁用指定端口上的所有审计。值得注意的是，如果排除了端口，某些漏洞特征将不会执行，可能造成漏报。
- 蜜罐的安全性与其他资源的安全性一样重要。如果威胁行动者确定一直以来的目标是这个蜜罐，他们可能选择用漏洞来攻击它，因为它遭到攻击已为人所知。如果攻击得手，这可以为未来的攻击提供一个滩头阵地，并利用某个安全解决方案来对付该组织。

15.5.7 认证

基于网络的漏洞评估扫描可以用两种不同的认证模式成功运行：空会话或管理员/root 权限。以其他权限实施网络扫描可能造成误报、漏报，并在资源日志文件中留下大量与拒绝权限访问相关的错误。虽然许多组织像保护黄金一样保护管理权限和 root 权限，但为了正确地进行远程评估，这些权限都是必要的。考虑到这一点，目标必须是"未经加固的"，以允许远程权限连接。根据平台，这包括如下功能：

- 以 root 用户远程登录 SSH；
- 用 sudo 命令访问 root 权限；
- 权限访问管理（PAM）最小权限提升；
- 远程文件系统的完整权限；
- 远程注册表访问；
- 通过 NetBIOS 进行认证；
- WMI 和/或 SNMP 权限（如果启用）；
- Web 应用凭据；
- SA 或等价的数据库权限。

以上权限都不适合于连接到互联网或潜在敌意环境的资源。这就是代理和备选技术可行的地方。根据组织的需求，您可以决定不同的频率和每个扫描类型，但我们始终建议时不时地（频繁）执行凭据扫描，以真正地透视您的安全风险。

15.5.8 空会话

空会话（没有凭据）漏洞评估将为管理员提供资产风险分析的匿名用户视角。这就好像一个威胁行动者在没有任何预知信息的情况下，从网络中针对某项资产进行攻击。此类扫描很有价值，但它只能从网络或面向网络的应用程序视角发现漏洞，而无法发现任何没有面向网络服务的漏洞。鉴于现代扫描程序利用空会话扫描只能发现不到 5% 的资产漏洞，如果这是唯一的信息源，得到的结果就会与实际风险有很大的偏差，令人不安。因此，我们只建议运行空会话扫描去获取黑客对资源和权限评估的视角，以便确定实际的修复工作流。例如，哪些外部资源或服务容易遭到 WannaCry 的侵害。无论如何，除了误报之外，空会话扫描都只是这些扫描结果的一个子集。考虑到这些特性，下面是空会话扫描的几个最佳实践：

- 针对外部资源进行空会话扫描是 PCI DSS 等合规性举措的基础；
- 空会话扫描有助于迅速找出容易遭到远程蠕虫和某些僵尸程序攻击的资产；
- 空会话扫描远快于同样的凭据扫描，因为它们在扫描工作中只应用了一部分漏洞特征码；
- 空会话扫描是识别流氓资产和 FTP、SMTP、VNC、RDP 等流氓网络服务及应用程序的理想工具。

15.5.9 凭据

凭据扫描不管是针对平台还是应用程序，都能提供最为准确、详细的漏洞评估结果。它们提供以管理员、root 或等效 root 用户身份登录的能力，用于查看整个操作系统、注册表、文件系统、端口、进程、服务和用户以查找漏洞。如前所述，使用凭据需要目标允许远程认证和无限制访问。如果您计划使用凭据，应该遵循如下资源评估的最佳实践。

- 使用专门的权限凭据进行漏洞评估。这个账户应该不与任何交互用户或服务共享。

- 监控使用专用评估凭据进行的特权活动,如果这些凭据在扫描窗口之外使用,则需要升级。

- 确保满足远程访问的先决条件。如果访问失败,查看评估报告中发现的情况,以确定目标中哪些服务(如远程注册表访问)没有启用。

- 如果主机通常经过加固,不允许远程访问,考虑使用如下的一种(或全部)技术实现特权访问。

  ➢ 安装、启用或配置第二个管理网络,启用凭据扫描所需的相应服务。这个管理网络应该有强大的访问控制列表,禁止任何前向访问或网络桥接。

  ➢ 启用允许按照时间进行凭据扫描的设置或组策略,并指定扫描窗口。扫描窗口的更多细节请参见本章随后的内容。

  ➢ 考虑用本地或一次性代理作为凭据扫描的替代方法。

  ➢ 准确地克隆环境。这对于虚拟环境颇具可行性,可以将映像克隆到实验环境,不做加固,并实施凭据评估。这种方法在关键任务高可用性环境和敏感的政府设施中很常用。

- 所有资源都应该进行凭据评估,而不仅仅是服务器或者带有敏感信息的关键资产。希望我们已经在勒索软件、针对基础设施的攻击和云与 IoT 的威胁方面做出评估。如果团队试图证明为何不应该进行某种形式的凭据评估,那他们就错了,并向其解释这些风险。

15.5.10 权限集成

凭据扫描的风险之一在于可以访问整个环境的单一解决方案中输入企业范围的管理权限和 root 权限,这个解决方案就是您的漏洞管理方案(这还算是合理的)。另一个严重风险是,当评估完成时,组织往往并没有更改密码,使其持续使用时间超出了可接受的策略(这是糟糕的情况)。简单的缓解措施是频繁更改密码(好的做法),或者对每个目标使用独特的凭据并频繁更改(最好的做法)。将您的漏洞管理解决方案与权限访问管理解决方案联系起来,就可以实现这一目标。这种联系可以通过每个解决方案中的 API 调用或专用连接器来建立,此类调用和连接

15.5 网络扫描程序

允许检索每次扫描工作或每个资产的当前托管密码。图 15-2 说明了漏洞管理控制台是如何使用网络安全扫描程序，为这一用例启用托管账户的。

ACCOUNT SETTINGS

System name
SERENITY

Account name
VMS

Password
•••••••••••••

Confirm password
•••••••••••••

Password rule
Secure Domain Admin ▼

Account description

Workgroup
Any ▼

Enable for API access (on)

Change password for Windows Services started by this account (off)

Restart all services managed by this account

Change password for Windows Scheduled Tasks started by this account (off)

Use this account's current password to change the password (off)

Release notification email
demo@lab.com

Default release duration
2 days

Maximum release duration
6 days, 23 hours, 59 minutes

Allow this account to be used by the Network Security Scanner (on)

UPDATE ACCOUNT SETTINGS   DISCARD CHANGES

图 15-2　启用网络扫描程序以使用托管权限账户

虽然在所有地方重复使用相同的凭据存在风险（例如，内存抓取恶意软件可以窃取散列值和密码），但好处胜过了风险。如果您可以从一开始就监控和管理特权凭据，那么风险就是可控的，最终也可以接受。

15.6 代理

代理绝不是新技术。实际上，许多组织都因目前拥有的各种代理的数量、冲突和更新而头疼。那么，漏洞评估代理有何特别之处？这种代理的使用并不广泛，也不是所有供应商提供的代理数量以及管理能力都是相同的。下面是用代理代替基于网络的漏洞评估扫描程序的一些用例：

- 平台（Windows、Linux 和 macOS）对代理技术的支持，这些平台可能是隔离、加固、短寿的，或者是云和虚拟化平台等；
- 通过 API 或 CLI 立即得到评估结果，以支持上下文感知集成举措；
- 部署架构不容易支持从远程设备到云和移动设备（笔记本和平板电脑）的网络扫描；
- 部署前的 DevOps 资产认证；
- 销售系统或嵌入式设备等需要评估安全最佳实践或合规性的独立资产。

考虑到上述用例，漏洞评估代理有两种类型。

- 本地——代理持续安装在资产上并得到管理。关键管理特征包括：
    - 二进制版本更新；
    - 签名或审计数据库更新；
    - 任务排期；
    - 通过管理控制台、API 或 CLI 进行临时评估；
    - 保存和转发扫描结果；
    - 可脚本安装和最小化资源消耗。

- 一次性代理——代理通过脚本或触发器按需安装。一旦评估完成，代理自动卸载。关键管理特征包括：
  - 安装最新版本，在评估前无须更新；
  - 最小化资源消耗；
  - 卸载不留下任何文件或痕迹；
  - 安装、操作、结果、卸载和故障分析可通过 API 或 CLI 进行。

漏洞评估代理技术为网络扫描提供了一种可行的替代方法。结果与凭据扫描类似，提供了一种能获得结果而又不存在传统网络扫描程序的潜在问题及微妙差别的方法。如果您的业务正在迁移到云端、采用 DevOps 战略或者偏向于维护资源的加固，那么建议用代理代替网络凭据扫描。

15.7 第三方集成

漏洞评估信息不一定只来源于扫描程序和代理。许多第三方安全产品通过 CVE 报告漏洞，并提供基于自身检测能力的报告。例如，下一代 Palo Alto 防火墙根据流量和确定的规则捕捉潜在漏洞和漏洞利用信息。您可以将它们看成被动漏洞扫描程序的一种形式。这些漏洞与某个源和目的 IP 地址相关，并且很容易与漏洞管理范围内的现有资产相关联。通常，这种数据被发送给 SIEM，但没有理由不能将您的漏洞管理工具作为额外的数据源包含在内。如果数据与其他评估结果一同出现，可以利用相同的报告和警告功能，效果就更好了。您所实施的漏洞管理解决方案应该是所有漏洞信息的中心，不管这些信息是如何收集的。这能够提供针对漏洞问题的全局解决方案，以及跟踪漏洞信息的单一观察窗口和授权系统。

如果上述用例与企业的其他措施不一致，可以将相同的方法叠加到 RSA Archer 等治理解决方案上。每个来源的数据仍然相关，但您的漏洞管理解决方案不再是权威记录，而是治理解决方案成为焦点。这提高了整个系统的水平，可以引入对其他资产信息和生命周期数据的管理，形成组织内部更宽阔的视角。重要的是，不要忽略其他安全解决方案，以及它们识别的漏洞信息。

15.8 补丁管理

补丁管理解决方案的固有设计是应用遗漏的补丁，不管其类型为何。根据供应商的不同，补丁可能有不同的分类，但它们都遵循类似下文所述的模式。

- **关键更新**——广泛发布的针对特定产品、与安全相关漏洞的修复。关键更新是最为严重的，应该尽可能早地应用以保护资源。

- **定义更新**——已部署的解决方案需要定期进行特征码或审计更新，以执行其预期任务或功能。杀毒定义是这类更新的例子。

- **驱动程序**——与安全无关的驱动程序更新，用于修复 Bug，改进功能，或支持设备、操作系统或集成的更改。

- **功能包**——应用到操作系统或应用程序的一组新功能或更新的功能。这些功能包一旦安装，通常可以改善功能或者新增功能。根据应用程序的不同，功能包可以是免费或者付费的附加程序。

- **安全更新**——广泛发布的针对特定产品、与安全相关的非关键漏洞的修复。这些更新的等级可能达到"高"，应该在常规补丁或修复间隔内安排部署。

- **服务包**——以单一可消费更新形式交付的一组更新、修复、安全更新和改进。可以将其视为累积/汇总更新所需的次要更新，很多时候是驱动程序。

- **工具**——有助于解决方案使用、部署或排障的工具包。

- **累积/汇总更新**——与服务包类似，但提供特定解决方案的最新更新，包括 Bug 修复和兼容性补丁。与服务包的不同之处在于，它本质上是有针对性的，并在服务包之外使用。例如，服务包可能是汇总更新的先决条件。

- **更新**——与安全无关的一般 Bug 修复和改正。

- **升级**——可自动化部署的操作系统或应用程序的重要升级。

为了保护您的资产，关键更新、安全更新和服务包包含了各供应商发布的关于补丁及对应 CVE 的信息。因此，与第三方集成类似，补丁管理解决方案可以通过对应的 CVE 来检测漏洞。由于漏洞管理解决方案中也有一个全面的 CVE 库（特征与审计数据库），这些数据的反向映射也使各个解决方案能够确定遗漏的安全补丁以及对应漏洞，而无须执行任何类型的扫描（不管是网络扫描还是本地扫描）。

第三方补丁管理代理（包括微软更新代理）至少能根据检测到的遗漏，在一定程度上识别资产内部的漏洞。虽然这不能代替漏洞扫描，但确实提供了一个已知安全补丁遗漏的视角。这些产品不总是考虑到补丁是否正确或完全部署，因此只是一个不完整的列表，并受限于补丁管理代理的覆盖范围。这一概念也凸显了这两类产品之间的重叠，以及漏洞数据的另一个来源。

15.9 虚拟补丁

有些时候，安全解决方案（或团队）识别到一个漏洞，但无法修补或者无法在可接受的时限内修补。此类情况各种各样，从修补关键应用引发的停机或服务中断风险，到生命周期终止的系统不再得到供应商的补丁，不一而足。在这些情况下，安全团队可以选择使用虚拟补丁。虚拟补丁并不能修复底层漏洞，但可以阻止利用这些漏洞的攻击向量，来为资产提供屏障。

修复实际漏洞应该是终极目标，但虚拟补丁确实有用武之地，而且已经越来越流行。这种防护技术常常用在 Web 应用防火墙、基于网络的入侵防御解决方案和端点保护平台中。虽然虚拟补丁可以减小资产或应用的风险面，但不能保证百分之百地阻止可用于利用漏洞的攻击向量。而且，使用虚拟补丁时，您必须对虚拟补丁机制的持续可用、高效抱有信心。长期解决方案应该始终是通过相应的补丁、配置或系统升级来修复漏洞。

15.10 威胁检测

威胁检测是识别潜在活跃威胁，将其与对应风险关联，收集失陷指标（IoC）并发起相应行动的技术。组织每天都在使用杀毒软件等解决方案，通过行为和人工智能分析进行威胁检测。威胁检测几乎发生在组织内部的所有层次，是每个安全解决方案的主要功能之一。

漏洞管理解决方案中的威胁检测满足了识别基础设施各处漏洞的基本用例。

为此，这些解决方案收集了各种各样的其他资产数据，这些数据可以自动（或手动）关联到高级威胁检测用例：

- 操作系统——识别影子 IT、生命周期终止或未经批准的（流氓）资产；
- 硬件——潜在的非法设备，如 USB 可移动介质或者可能受到侵害的硬件配置；
- 端口——未受批准运行的网络服务，如 FTP 或 SMTP；
- 进程——由于恶意软件或流氓应用而执行的不正当进程；
- 计划任务——不遵循组织指导方针或权限的自动化计划任务；
- 服务——由于流氓软件及相关账户和权限而执行的不正当服务；
- 共享——访问某个资产的不正当共享及对应的访问控制列表；
- 软件——验证正当应用、确定流氓软件和不正确版本的软件库存清单；
- 用户——识别本地用户账户、权限和对用户及组资源的任何侵犯活动；
- 证书——系统证书的识别、终止和所有权；
- 个人识别信息（PII）——识别用户文件和日志中的 PII；
- 恶意软件——将来自进程和服务的散列信息与已知的恶意软件关联。

漏洞评估解决方案提供的威胁检测能力不仅仅是遗漏的安全补丁和缺陷。它的数据可用于补充额外的指标或侵害，甚至可以作为恶意活动的基础。考虑在本地或 SIEM 内部处理这些额外信息，以加强您的安全感知能力。

15.11 持续监控

漏洞评估持续监控是用于实时（或近乎实时）识别与资产、资源相关漏洞的过程与技术，与计划好的扫描任务或定期评估形成鲜明对照。这项工作的目标是弥补漏洞检测的不足，不让威胁在两次评估之间无限期存在，避免被威胁行动者利用。在组织内实施持续监控有多种技术方法。

- 基于网络——基于漏洞评估的网络嗅探器被安放在镜像端口上，监控所有流量，并根据数据包内容（以及报头）识别漏洞。这包括根据横幅和广播版本的浏览器来确定有漏洞的网络服务。基于网络的持续监控只作用于未加密的流量，不能管理供应商对补丁的向后移植。这导致了很高的误报和漏报比例，并要求所有对应流量都通过镜像端口复制。在高度碎片化的环境中，需要在上游位置安装多个基于网络的设备，才能正确地评估环境。这种技术也称为被动扫描。

- 应用程序控制——与应用控制解决方案协同使用的专有代理，用于识别在某个资源上执行的易受攻击的应用。检测出来的是"活跃"漏洞（按照前文的漏洞状态定义），因为这些应用正在被使用，而不只是存在于主机上的"休眠"应用。这将根据实际用户活动提供持续监控，并像本地漏洞评估代理一样报告发现的情况。

- 代理——漏洞评估代理可以通过频繁的计划评估或由操作系统、登录或其他条件触发评估，来提供持续监控。其目标就是频繁地发送变化和执行评估，最大限度地缩小恶意活动的缺口。配置本地扫描代理，使其近乎持续（循环）运行并消耗最少的资源，就能满足这些目标。

上述解决方案都应该将其发现整合到漏洞管理基础设施中，在您需要持续监控时成为基础组件。

不过，值得注意的是，持续监控的概念可以应用于其他安全策略，并应用到整个组织，以避免批量或计划检测中的缺口。例如，如果您每天都导入日志进行分析，检测最新威胁所花费的时间最多可达 24 小时。对同一过程应用持续监控目标，可以消除这一缺口，并使检测和结果关联尽快进行。

15.12 性能

基于网络或代理的漏洞评估扫描器的性能可能取决于各种因素。虽然满足操作系统、CPU 和 RAM 的最低需求很关键，但它们通常不是性能低下的原因。漏洞管理供应商希望您用它们的设施来克服这些简单的缺点，但在 90%的情况下，问题都出现在环境而非扫描程序上。在设计和解决网络扫描器的性能问题时，请考虑如下因素。

- NTP、DHCP 和 DNS 等网络服务应该有合理的运行性能，以便解析主机名、跟踪 IP 地址变化并精确控制扫描程序时钟，及时完成工作、取得结果。

- 扫描目标应该是电子封闭的，广域网上距离遥远的目标应该是本地扫描的目标，而不是跨越全球或通过防火墙进行扫描。低延迟有助于任何网络扫描的性能。

- 通往目标的最慢链路总是瓶颈。如果扫描程序在一个吉比特（千兆）网络上，而目标只能在旧的 10 Mbit/s 的半双工网络上通信，那么链路上的每个下游目标都将在扫描中遇到严重的性能问题。

- 网络饱和度与可用带宽很关键。漏洞评估扫描程序可能是个"封包大炮"。如果某条链路已经饱和，或者带宽太小，扫描可能会超时，而其他服务就有可能遭遇拒绝服务。从目标数量和连接数量出发，放慢扫描速度（也就是减少同时检查的特征与端口数量），将有助于已过度使用的链路。

- 报告始终与扫描性能相关。您可以在结果确认的时候查看单个资产，但整个任务的完成和结果处理、报告生成确实需要时间。对典型 C 类网络上的所有端口进行检查审计，很可能花费 30 分钟以上的时间。对于扫描程序有限的企业，这样的任务很可能需要几天的时间。

15.12.1 线程

线程数量（也称为并行目标）允许漏洞评估扫描程序在指定任务中一次处理多于一个的资源。根据带宽和环境的不同，在一个万兆网络上同时处理多达 64 个目标的情况并不少见。如果您考虑扫描全部端口的情况，很容易看出网络扫描程序被视为"封包大炮"的原因。如果您考虑所需的带宽，表 15-1 中的建议适用于扫描工作中最慢的网络。

表 15-1　根据最慢可用网络链路得出的扫描目标数量

最慢跟踪路由链路	扫描目标数	ping 重试次数
10 Gbit/s 全双工	64*	1
1 Gbit/s 全双工	48*	2
100 Mbit/s 全双工	24	3
100 Mbit/s 半双工	12	3
10 Mbit/s 全双工	10	4

续表

最慢跟踪路由链路	扫描目标数	ping 重试次数
10 Mbit/s 半双工	5	4
256 kbit/s 帧中继	3	5
128 kbit/s ISDN	2	5
56 kbit/s 拨号	1	5

*网速增加 10 倍，并不等于扫描目标容量也能增加 10 倍。TTL、延时、饱和度和远程目标响应时间限制了单一扫描程序所能针对的目标数量。

表 15-1 适用于操作系统、数据库甚至 Web 应用，以及网络扫描技术。

15.12.2 完成时间

工作站、服务器、数据库、域控制器甚至 Web 应用的扫描完成时间有不同的变量。根据特征，每个变量将有很大的不同，关于目标的信息和知识有助于确定潜在评估的运行时长。

- 工作站——工作站通常是完成评估第二快的资源，即便它装满了易受攻击的应用也是如此。每个目标的评估时间通常从几分钟到 15 分钟不等。

- 服务器——服务器的评估时间大约与工作站相同，但由于本地账户和额外的应用程序可能会延长时间。如果存在数据库或 Web 应用，服务器将忙于这些线程，而不是支持应用程序的评估。这与允许同时运行的线程数量有关，与目标类型无关。

- 数据库——数据库通常是评估时间第二长的目标。这不是因为所包含的基于特征码检查项目数量太大，而是因为可能需要枚举出数据库、表、存储过程等，并对其验证权限、错误配置和漏洞。

- 域控制器——域控制器就是基于角色的服务器。如果漏洞评估扫描配置为枚举用户及其相关组和密码使用期限、登录日期等，扫描时间可能会延长。扫描程序有将枚举限制在某个数量或者禁用信息收集等功能，以最大限度地减少过长的扫描时间，以及网络和服务器处理每个请求的潜在负载。

- Web 应用——一般需要最长的时间来枚举，根据页面、复杂度和托管网站所用的技术，一些扫描可能需要花费数日。通常，Web 应用扫描程序拥有抓取引擎，并使用特征码和机器学习处理网站上的响应和漏洞。Web 应用评估通常作为单独的扫描工作，不遵循漏洞评估扫描的线程模型。这是因为线程用于同时打开或者处理多个网页，而不是完全不同的 Web 应用。值得注意的是，虽然大部分漏洞评估供应商的网络扫描程序中都有轻量级的 Web 应用评估引擎，但有些供应商有专用于这一目的的工具，可以实施更为全面的评估。这些工具一般供定制应用的开发人员使用，以确保它们没有任何潜在风险。

- 基础设施——通常是漏洞评估处理最快的设备，除非它们允许连接超时，而不是报告错误或关闭/过滤端口。与现代化操作系统相比，这类设备的特征码列表明显较小，因此需要的检查项目也较少。

15.12.3 带宽

带宽是影响扫描性能和扫描评估精确度的关键因素之一。对于评估来说，带宽永远不会"过大"，但带宽过小将影响一切：从您为了针对资源而同时启动的线程数量，到由于连接超时引起的漏报数量。

为了确保带宽不会成为您部署中的限制因素，基础设施和网络团队应该参与进来，将网络图与扫描程序部署结合起来，以根据网络设计或网络性能经验数据，来确定带宽是否将成为问题。这也支持了我们前面的结论：网络扫描程序应该始终以电子方式靠近其目标。

15.12.4 端口

基于网络漏洞评估扫描的成功，要求扫描程序能够通过 TCP 或 UDP 连接到目标的任何 TCP/IP 端口。虽然一些合规措施（如 PCI）要求枚举所有端口，但对于例行评估和内部工作流来说往往过度了。扫描全部 65535 个端口需要花费很多时间，但评估与审计特征相关的默认端口（通常是前 1024 个）可以得出准确的结果，也是继续工作的良好基准。当然，寻找可能在高编号端口上运行的流氓网络服务也很有必要，但凭据漏洞评估扫描更多的是与需要修复的对象有关，而不是威胁检测。因此，为了提高扫描性能，缩短完成时间，可以考虑只测试相关端口，而将所以端口留给认证评估以及随之而来的后续工作。

15.12.5 扫描窗口

扫描窗口是允许扫描工作进行的时间和日期。由于基于网络的漏洞解决方案可能密集使用网络与资源，组织通常在更改控制窗口或专门的维护时间里规划评估。扫描窗口可能适用于扫描工作、扫描程序本身或者评估中的目标。这些窗口之外的时间将限制活动。扫描窗口本身可以进行如下配置。

- 启动工作，并在评估超出扫描窗口时暂停。例如，如果扫描窗口指定为每天夜间 1 时到 3 时，3 时仍在运行的扫描工作将暂停至次日夜间，并在次日夜间 1 时于同一位置恢复运行，然后继续这一循环，直到工作在扫描窗口内完成。

- 启动工作，并在评估超出扫描窗口时终止。例如，扫描窗口可能配置为每个月第二个周六的 24 小时。如果这项工作的运行时间超过 24 小时，将被自动终止。

如果您考虑到 ICS 设备的敏感性和任务关键系统的安全性，扫描窗口是一项强制要求，目的是确保扫描不会产生不良影响，发往资产的任何网络流量都不是恶意的。

15.12.6 扫描池化

扫描池化（有时称为扫描群化）允许各个环境将扫描程序集中起来进行工作，目的是获取整个目标范围，并将负载平均地分摊到分组中的所有扫描程序。例如，如果一项扫描工作有 1000 个目标（主机名、IP 地址、CIDR 等），扫描池中有 4 个网络扫描程序，每个程序将扫描 250 个资产，以完成任务。这使得您可以利用多个扫描程序中的更多资源、更多线程，以最大限度地缩短完成工作的时间，并将负载分摊到多个网络接口上，而不是以很高的线程数运行所有工作，导致网络饱和与性能问题。

15.12.7 目标随机化

目标随机化是一个简单的概念：包含某个 IP 地址范围的目标列表并不是顺序扫描，而是像扑克牌一样"洗牌"后再由扫描程序处理。这意味着一个子网不会遭遇所有线程同时执行的沉重负载,与扫描池化一同使用,目标的分摊也将是随机的。目标随机化有助于保持漏洞评估扫描在各个网络的负载平衡,绝不会同时针对同一网络中的过多资源。

15.12.8 容错

考虑到从扫描窗口到性能的各种潜在限制,如果一项扫描工作在评估期间无法启动或者挂起,直到下一次扫描动作运行前,结果将被延迟或者丢失。扫描工作的容错允许扫描程序连接起来,组成容错配对。如果一个扫描程序遭遇故障,可以指定容错配对中的另一个扫描程序在用户指定的时间后接管工作。图 15-3 说明了这种配置。

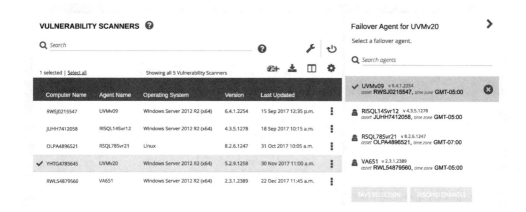

图 15-3　漏洞评估扫描程序故障切换配置

对于更高级的环境,客户可能选择如下做法:

- 指定一个或多个网络扫描程序为单一用途的容错扫描程序。其他所有扫描程序在故障时都指向它,而它本身不分配任何定期扫描工作。它唯一的作用就是故障切换。

- 使用三个或更多扫描程序,指定为循环故障切换。每个扫描程序故障切换到对等的扫描程序上,按照这个设置,您就有了一个任务循环。

- 扫描程序遵循伙伴体系,相互配对容错。

15.12.9　扫描程序锁定

正如前面所讨论的，通过防火墙或 WAN 扫描可能造成不受欢迎的结果。对于设置扫描工作的用户，他们必须知道使用哪些网络扫描程序，以避免潜在问题。为了避免出错，有一个叫作扫描程序加锁的概念。扫描程序锁定根据 IP 范围、分组或其他资源特定条件，将目标分配给扫描程序。只有指定的扫描程序可以评估这些目标，运行扫描工作时必须使用它们。最终结果很简单，将评估目标与可执行工作的网络扫描程序配对，并且确保用户不会犯下导致影响业务或破坏数据的错误。这是托管服务供应商和多租户设施中的常见做法。

第 16 章
漏洞管理运营

您有了漏洞管理程序,但您的流程在哪里?

大部分组织都正确地考虑到其系统、应用程序、网络化设备、其他数字资产和基础设施组件中可能存在的漏洞。识别漏洞确实很重要,大部分安全专业人士都部署了某种扫描解决方案。但最需要理解的是,漏洞扫描只代表了您的基础设施在固定时刻的一个快照。图 16-1 说明了使之成为重复可持续过程所必须完成的任务。

阶段	目标	任务项
运营	技术实现 运营移交 评估生命周期	● 扩展评估范围,并相应地扩展流程的规模 ● 与关键利益相关方进行季度审核,以按照业务或风险环境的变化加以调整 ● 与各团队和部门协作,改善提升公司的程序与风险态势

图 16-1 运营一个成功的漏洞管理计划

事实是,您的基础设施不断变化,漏洞也可能随时出现,攻击者亦然。这也就是为什么您必须构建一个全面的漏洞管理计划,确保频繁覆盖您的环境——此外还要包含一个可持续流程,用于在发现漏洞时对其进行分析、优先级排序和修复。该流程覆盖了这一生命周期的生产循环,如图 16-2 所示。

只有拥有了覆盖所有资产的连贯、可重复的漏洞管理流程,并提供有益于快速决策的定期报告——缩短您容易受到攻击的窗口——才能确保您的解决方案提供了预期的保护。然而,作为评估步骤的一部分,我们需要探索发现、分析和报告(图中没有显示)这三个子步骤。在考虑任何退出路径之前,修复和度量就完成了整个生命周期。

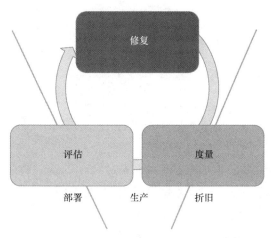

图 16-2　漏洞管理生产部分的生命周期

16.1　发现

就发现而言，问题是您应该多久进行一次扫描？这同样取决于数字资产的规模和特性。最低限度下，低风险或低价值资产应该至少每季度进行一次扫描。相反的，高风险/高价值资产可能每天都需要扫描若干次。一切视情况而定。还有其他因素也需要考虑，例如，某些供应商的补丁在每月 1 日发布，其他一些则在每月 15 日（如微软）。因此，根据修复措施可用性和满足 SLA 的要求，在这些时间安排服务器和敏感主机的扫描是合适的。

当持续评估的职责移交给漏洞工程师时，扫描的范围和频率应该被明确定义并记入文档。此时，漏洞工程师将负责安排和验证扫描作业的健康状况、性能，以及修复活动是否按照计划进行。

16.2　分析

这方面的挑战在于，您可能通过扫描解决方案生成了大量数据，以高效地分析它们，这对修复活动来说是至关重要的。这是健全的漏洞管理解决方案的关键能力之一，因为人工筛选太过烦琐。您必须能够配置一个解决方案，识别每次扫描中得到的价值最高的信息。通过持续地与安全团队、信息技术团队、资产所有者和审计人员协作，漏洞团队可以努力确保在"正确"的时间、向"正确"的人递交适当级别的报告。这是一种分析与报告活动，从威胁情报中获得的利益最大。

16.3 报告

报告是将数据转化成行动根据的一个子步骤。漏洞评估过程将生成各种各样的报告，会注重威胁分析、服务等级协议状态、合规、例外和到期日等内容。报告应该由安全团队、系统所有者和系统管理员进行审核，这些人共同制订计划，确定必须采取的行动和每项行动的优先级。漏洞工程师必须确保生成合适级别的报告，并准确、按时分发。这包括不要每周将同样由 1 万个漏洞组成的列表发给所有资产所有者。此时报告和电子邮件可能被忽视。过滤报告，并只将资产所有者负责的漏洞发给他们。例如：

- 将台式机上的漏洞发给台式机团队；
- 将 Windows 服务器上的漏洞发给 Windows 团队；
- 将 UNIX 服务器上的漏洞发给 UNIX 团队；
- 将 DevOps 演练区的漏洞发给开发与 QA 团队；
- 将 Web 服务器和数据库上的漏洞发给负责那些资产的应用团队；
- 将网络设备上的漏洞发给对应的网络团队。

16.4 修复

下面是生产环境中的第二个重要步骤——修复。根据资产和找到的漏洞，修复可以快速远程完成，也可能需要更复杂的人工修复，这或许需要将某些系统下线，使用冗余系统，并实施附加组件。如前所述，此类应急措施应该事先确定，保证在修复漏洞时不会有任何延迟。最终，修复或接受风险的决策将在安全团队指导下，由资产所有者做出。漏洞团队必须确保按照正确的步骤，在漏洞解决方案中标记例外情况，确保相应的风险、审计和服务等级协议报告全都记入文档。

16.5　度量

最后，度量整体漏洞攻击面和修复流程的有效性是任何成功计划的关键组成部分。度量用于确保风险处于可接受水平内，确保不违反合规要求，还可用于对负责修复和其他支持活动的信息技术人员和资产所有者提供正向（和负向）激励。

在漏洞管理系统的运营阶段，资产所有者很可能需要和要求特定（有时是定制）的报告以上报风险，并合理化现有过程中的修复活动。在成功的漏洞管理计划中，漏洞工程师与各利益相关方合作，了解信息需求并尝试优化流程。下面是一些建议。

- 不要将相同的原始漏洞报告发给所有利益相关方，并要求他们自行筛选寻找所需内容。

- 理解每个利益相关方需要哪些资产、哪些漏洞和什么级别的细节，并提供预制报告以简化和自动化这一流程。

- 如果可能，允许在技术、管理和高层自助生成自动化的报告。

- 选择能够提供灵活报告框架的漏洞扫描程序，以便能根据需求进行定制。

- 不要试图人工满足持续的报告请求。也就是说，不要陷入为利益相关方填写电子表格和其他报告的例行公事中。随着需求增加，将花费越来越多的时间来满足这些需求，这将增加计划的总体成本，并延迟关键风险信息的获取。

第 17 章
漏洞管理架构

一旦为漏洞管理选择了供应商，实施过程将因供应商的不同而大相径庭。为什么呢？这个问题很简单，每个领先的供应商都在漏洞管理解决方案的控制台或管理层采用了不同的技术方法，但扫描层实际上非常相似。这就是为何您会听到安全专业人士说"网络扫描程序就是网络扫描程序"，或者"漏洞评估就是件商品"。真相是，扫描程序当然是一件商品，但区分不同供应商的是数据聚合方式、执行扫描的方式，以及可用的报告类型。这些产品都会误报，也都会漏报，有些扫描针对某种类型的资产比扫描其他类型的速度更快；最终，是人员和支持服务造成了结果和管理控制台集成的差异。有些安全专业人士有心仪的解决方案，但从管理控制台（而不是扫描程序）的角度看，每种解决方案部署的差别在于本地技术、托管解决方案、点对点数据库、隔离网络、设施、代理等。任何部署都需要具备本书讨论的特征，但不同供应商的架构拓扑各有差异。有些解决方案连接到云端，有些则使用辐射式分层结构，还有一些则采用点到点结构。哪种架构最适合您的网络，则由您做出决策。请考虑如下因素。

- 当所有扫描程序都通过一个可路由网络连接到 SaaS 云时，托管解决方案最合适。

- 隔离网络无法访问互联网，因此只能使用点到点或企业本地安装的漏洞管理技术。

- 任何建议采用分层结构的供应商都需要一个集中数据库和管理控制台（通常在数据中心或云端）。

- 点到点安装分发漏洞结果，要求几乎所有节点进行交叉通信。这对于某些严格分段的环境可能不现实。

鉴于此，不管采用何种架构，任何部署都应该回答如下问题。

- 安装是否需要软件、设施、代理或混合方法？
- 成功的架构和部署是否需要操作系统、数据库和网络等先决条件？
- 我需要获取哪些额外的硬件和软件？
- 我的扫描程序从逻辑上和地理上应该部署在哪里？我需要多少个扫描程序？
- 我需要获取哪些附加功能模块（如监管报告或配置管理）的许可证？
- 成功的架构部署需要对 IDS/IPS 和防火墙做哪些修改？
- 我的扫描和修复策略是什么？所有利益相关方是否都认可？
- 我是否有认证扫描所需的凭据？是否可用于全部资产？这是否与权限访问管理（PAM）解决方案集成？
- 我需要实施哪些第三方集成？
- 哪些利益相关方需要报告？
- 我需要提交哪些合规成果？
- 从云到移动设备，哪些额外资源需要进行评估？
- 谁将接受培训，如何适应人员流动？

回答了这些基本问题之后，您就有了自己的部署模式，可以应用到任何架构。图 17-1 展示了适用于任何供应商的基本架构，而图 17-2 展示了一个典型企业环境的参考架构，它采用了本地部署方式。

图 17-1　基本漏洞管理架构

第 17 章 漏洞管理架构

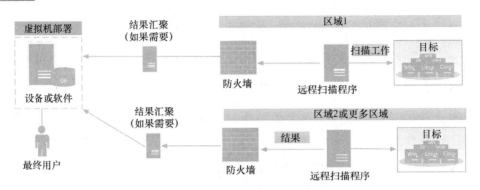

图 17-2 本地部署分层模型参考架构

当您考虑了成功评估所需的所有参数之后，这些问题将决定使用何种技术、部署在哪些位置和解决方案如何互连。

第 18 章 漏洞管理计划示例

本章概述在多样化 IT 环境中维持高水平系统安全与应用安全所需的漏洞管理策略和控制措施。我们将详细介绍实施全面、集成的漏洞管理所必需的技术和流程,用于检测和修复操作系统、应用程序、移动设备、云资源和网络设备中的漏洞,维持最高水平的安全性。这构成了部署运营阶段所必需的书面程序和策略。可以将此作为您自身项目所需记录文档的样本,并要求所有资产所有者签署后才能成功。

18.1 漏洞管理解决方案与修复的服务等级

典型的漏洞扫描程序将按照计划定期扫描网络基础设施中的设备,并生成多种报告,并突出显示范围内所有资产上识别出的漏洞。

接收到这些报告之后,运营团队负责:

- 审核结果;
- 向对应的利益相关方和资产所有者分发结果;
- 监控资产所有者的行动,可能包括通过配置更改或部署安全补丁提供修复,或者实施其他缓解措施;
- 与资产所有者协作,正确地记录任何例外情况。

漏洞修复应该按照表 18-1 所示的指导方针尽快完成。

表 18-1 漏洞严重性与服务等级

严重性	描述	服务等级
高危	高危漏洞的 CVSS 评分为 8.0 或更高。它们很容易遭到可公开获取的恶意软件或漏洞利用代码侵犯	2 天

续表

严重性	描述	服务等级
高	严重性为"高"的漏洞 CVSS 评分为 8.0 或更高，或者 PCI DSS v3 严重性评级为"高"。目前没有已知的公开恶意软件或漏洞利用	30 天
中	严重性为"中"的漏洞 CVSS 评分为 6.0～8.0，可以在较长的时限内缓解	90 天
低	严重性为"低"的漏洞定义为 CVSS 评分 4.0～6.0。由于应用程序和常规的操作系统运行，并非所有低严重性漏洞都能很容易地缓解。这些漏洞应该记录在案，在无法修复时相应地予以排除	120 天
信息	信息性漏洞的 CVSS 评分低于 3.9。这些漏洞虽被视为风险，但通常只是作为资产状态与配置的参考信息	灵活～180 天

发现的任何漏洞如果需要在服务等级规定的时限之后缓解，必须得到管理层的批准并记录为例外情况。这些记录必须由运营经理和安全主管审核批准。

团队成员也可以使用专门的扫描程序识别特定漏洞，或进行更深层次的分析，例如使用专用 Web 应用扫描程序、静态代码扫描程序等。

18.2 漏洞扫描目标

所有连接到公共和私有网段的设备都要进行扫描。设备扫描由单独定义的地址空间、活动目录查询、云资源和本地安装的代理进行。

需要扫描的资产应该按照逻辑单元分组，以每组包含资产的"共性"命名。逻辑名称还能标识其分类或网络上主机/设备的一般描述，并用于基于角色的访问以限制未授权的访问。

可以通过帮助台向安全团队提交技术支持工单，并将此请求指派给评估团队，可以建立新逻辑分组或者改变现有分组。

18.3 漏洞扫描频率/计划

所有设备都按照一致的扫描计划进行定期扫描，也可以根据请求或按需进行。

定义的扫描频率规定，服务器和敏感主机的评估至少每周进行一次，网络上的所有其他设备则每月进行一次滚动扫描。

- 所有服务器和敏感主机扫描应该安排在每月 1 日到 15 日之间，这样可以根据供应商（如微软）关键补丁的发布进行调整。

- 所有台式机和其他设备扫描应该在每月 16 日到 29 日之间完成。

- 应该每天运行新资产发现扫描，以识别任何新资产并将其自动分类到对应的逻辑分组中。

- 所有新纳入生产环境的台式机或服务器资产必须评估并记录，不能存在任何严重性为"高危"或"高"的漏洞。

- 所有扫描应该安排在 36 个小时内完成，其间不运行任何其他扫描任务。

- 扫描周期应该在定义逻辑分组时确定，并应该作为评估请求的一部分。

- 临时/个别系统扫描可以通过工作请求提出，在任何时候执行。

- 网络设备（路由器、交换机、VPN、防火墙、无线设备和 DNS/DHCP 服务器）上的所有软件镜像（操作系统）需每月审核。

18.4 漏洞报告

与系统管理补丁周期同步的活期报告计划已经实施，用于管理资源和潜在故障。报告始终生成作为进行过评估的证据。报告的自动交付取决于周期内的扫描日期。

各个系统分入逻辑分组，每个分组包括一系列与特定应用相关的系统，由一组特定管理员管理。一台设备可能属于一个或多个分组。报告按照分组进行，这样设备和漏洞更容易分发给不同的人员。分组可以通过企业工单系统添加或更改。表 18-2 和表 18-3 分别列出了自动生成与分发、实施这一流程的关键报告。

表 18-2　执行和高级别漏洞报告计划的时间表

状态报告	频率	目的
威胁分析人员	每周	提供建议的修复措施，按照缓解措施类型最大限度地利用资源

续表

状态报告	频率	目的
管理仪表盘	每周	为高层管理团队成员提供组织内确定的风险缓解过程状态
服务等级协议	每月	提供清晰的报告，以确保修复工作正根据本文档定义的 SLA 实施
监管	每季度	向高管人员和审计人员提交季度报告，以确保合规措施得到遵守
例外	每月	向所有团队成员提供整个环境内发现的例外情况和到期日期

表 18-3　提交给缓解和修复利益相关方的可操作报告排期

可操作报告	频率	目的
漏洞	每周	这些报告按照资产、漏洞或风险和详细发现，由智能小组进行分类
补丁报告	每周	这些报告识别可适用于每个资产的操作系统特定补丁
Delta 报告	每月	Delta 报告为技术团队成员提供缓解策略影响评估结果的"证据"

　　这些报告按照逻辑扫描分组顺序生成，需要考虑更改控制窗口和系统更改控制冻结（例如节假日）。然而，可操作的设备报告很容易在一系列扫描完成后生成。

18.5　修复管理

　　漏洞报告为系统所有者和管理员提供了了解系统可能面临潜在风险的机会，并采取主动措施处理识别出来的漏洞。在每个正式报告期之间，安全团队、系统管理员、供应商或其他来源都可能识别漏洞。报告发布过程的启动，一般可以从每周扫描生成的行动系统报告开始，或是根据请求或新资产部署而生成的自定义报告开始。针对全行业的问题或者 0day 漏洞，将生成计划外的报告和警报，并根据风险加以处理。例如，计划之外的高危漏洞应该立即报告，并根据本书中的指导方针进行定制评估和修复。表 18-4 概述了各角色的职责。

表 18-4　利益相关方及其所有权责任

安全团队	
安全团队维护漏洞管理解决方案，生成报告，并监控公司的漏洞态势。该团队确保系统按照计划定期扫描漏洞，识别的漏洞将提请相应人员关注	• 分发漏洞报告 • 管理报告和漏洞数据库 • 发布解决方案建议和指南 • 跟踪漏洞解决进度 • 向高管报告尚未解决的重要漏洞 • 响应漏洞审查请求
系统所有者	
系统所有者与系统管理员协同，授权、优先处理并安排对其系统的更改，或者实施可接受的缓解控制，将风险降低到可接受的水平。补丁等改正性措施被视为常规业务维护。不过，如果使用了其他缓解控制措施，团队应该审核和批准以确保其适合应对漏洞。最终，接受剩余的任何未缓解风险是系统所有者的职责	• 审查漏洞报告 • 评估漏洞的风险程度 • 审核和批准提议的纠正或缓解措施 • 与用户和系统管理员一起安排变更计划 • 正式接受未经缓解的风险
系统管理员	
系统管理员实施系统所有者已授权的纠正措施。他们能够研究和提出各种解决方案与缓解控制措施，是技术资源的支撑	• 审查漏洞报告 • 评估漏洞对系统造成的风险 • 向系统所有者提出纠正或缓解措施 • 在合适的场合下提出漏洞例外请求 • 实施系统所有者授权的变更

18.6　例外管理

　　漏洞可能存在于操作系统、应用程序、Web 应用或者不同组件互操作的方式中。虽然必须尽一切努力纠正问题，但有些漏洞无法修复。供应商可能有未打补丁的设备，服务可能因为应用正常运行而暴露，开发人员和制造商可能还在使用生命周期已经终止的系统。

　　在这些情况下，可能需要额外的保护措施来缓解漏洞风险。我们还要例外管理，使这些漏洞不被识别为系统和组织的风险项。在极少数情况下，漏洞扫描程序可能错误地识别出一个无法被供应商纠正的漏洞。这些类型的缺陷并不能准确反映系统的风险，需要进行例外管理。下面详细叙述多种例外类型。

- 当扫描程序错误地识别出一台主机存在漏洞，而实际上没有的时候，就会出现误报。发生这种情况可能是因为某些漏洞仅依据软件版本号进行识别，而某些应用程序会打"反向补丁"或者修复后不更新版本号。这些情况后续将反馈给扫描程序供应商，但自动化检查无法进行改进。

- 可接受的风险是指漏洞真实存在，但已经采取补偿性控制措施缓解，或者确认存在漏洞的服务太过关键，无法进行干预。

- 延迟处理是无法在 SLA 时限内缓解的真实漏洞，理由可能是业务影响（停机应用修复）或者需要进行测试以确保不会受到建议的修复措施的影响。

所有例外管理请求中都必须包含理由和到期时间。任何例外都不是永久性的，每个例外都必须经过审核，且存在有效期，以确保任何例外都不会永久被忽略。请求应该清晰地说明例外类型，并在漏洞管理解决方案中的例外功能中记录。

- **误报识别**——可以由安全人员通过电子邮件或企业工单系统记录。这些将提交给解决方案供应商，由其改进后重新评估。如果没有采取任何修正，例外将记入解决方案内部日志。

- **可接受风险**——例外情况必须通过信息安全团队提交，并解释如下情况。

  - 缓解控制措施——为了最大程度地降低风险，已实施了哪些变更、工具或程序。

  - 风险接受说明——详细说明此风险对公司和系统来说不相关或不重要。

  - 风险分析——如果漏洞确实遭到利用，将招致何种风险，影响哪些系统。

- **延迟行动**——例外需要测试建议修复计划，并在不影响业务的情况下实施纠正措施。

例外得到批准之后，漏洞应用将由安全人员更新，反馈例外情况，并总结批准的原因和现行的控制措施，包括例外类型。在该设备上将执行新的漏洞扫描，以记录例外发布后的影响。例外发布的确认将通过每月例外报告反馈给申请者。

安全团队至少每季度审核一次所有已发布的例外情况，验证这些例外是否仍然适用。团队成员将删除任何不必要的例外，并提醒相应的系统管理员。

18.7 排除在评估之外

实施漏洞管理计划时，要兼顾组织的安全和合规目标。此外，由于漏洞管理只是整体安全防护计划的其中一环，最有效的计划会集成和补充以下安全程序：

- 补丁管理；
- 配置合规；
- 监管合规；
- 特权账户管理；
- 攻击、恶意软件和高级持续性威胁防护；
- 网络访问保护。

任何被排除在评估之外的资产，不管原因为何，都必须评估其对其他安全规划的影响。任何被排除在外的都将影响其他安全流程，因此，在允许某项变更影响其他安全规划之前，我们必须首先定义漏洞管理计划的范围。

第 19 章
合规性

威胁行动者不在意法律、合规、监管和安全最佳实践。实际上，他们希望您的组织并未严格遵守此类规范和框架，这样便于他们利用从而进行恶意行为。虽然监管合规的目的是为行业和政府提供具有法律约束力的准则，但它们并没有提供保证安全的必要措施。合规不等同于安全。它们是实现良好网络安全卫生的最佳实践，但在实施过程中如果没有合理的流程、专业人员与培训以及勤勉作风，您会很容易遭到攻击。因此，审核主要的合规举措时，应该考虑如下因素：

- 根据法律、敏感信息、合同、行业和地理环境等因素，如何将它们应用到您的组织。
- 不同监管法规之间的要求可能存在重叠，这意味着某些程序和控制手段能同时满足多个监管法规的要求。
- 考虑将最严格的标准与规定应用到您的措施中。最严格和最全面的要求可确保措施能够全领域覆盖。
- 确定范围至关重要，仅对敏感系统应用时通常不足以提供良好的安全性。在通过连接系统来扩展范围时，要考虑所需的精力与成本，这种连接系统可能会对合规要求的范围产生影响，不过其目的是为了缓解风险。这通常被称为"分区"。

因此，请注意，任何合规性要求都只是企业组织保护资产时应该采取的措施的最低标准。如果您不能达到这些最低标准，或者是出现了疏漏，就会成为容易出现漏洞、成为被攻击的目标。表 19-1 总结了主要的合规性举措，以及它们对漏洞管理、补丁管理或参考第三方现有技术的明确要求。

第 19 章 合规性

表 19-1 漏洞和补丁管理的合规要求

缩写	名称	漏洞管理	补丁管理
PCI	支付卡行业	PCI DSS Requirement 11.2.2	PCI DSS Requirement 6.2
	描述	PCI 安全标准委员会维护、制定和推广支付卡行业安全标准。该委员会提供实施这些标准所需的指导，如漏洞扫描资格认证、自我评估问卷、培训与教育和产品认证计划	
HIPAA	健康保险流通与责任法案	Risk Analysis Requirement 45CFR § 164.308(a)(1)(ii)(A)	Risk Management Requirement 45CFR § 164.308(a)(1)(ii)(B)
	描述	HIPAA（1996 年健康保险流通与责任法案）是一项为保护医疗信息提供数据隐私与安全条款的美国法律	
SOX	萨班斯-奥克斯利法案	Section 404	
	描述	2002 年的萨班斯-奥克斯利法案是美国国会为保护股东和一般公众免受企业会计差错和欺诈行为的影响，并提高企业披露准确性而通过的法律	
GLBA	格雷姆-里奇-比利雷法案	Title V, Subtitle A, Sections 501 (a) & (b)	
	描述	又称为 1999 年金融现代化法案，是美国颁布的联邦法规，用于控制金融机构处理个人隐私信息的方式	
NIST*	国家标准与技术研究所	RA-5	SI-2
	描述	NIST 是美国国家标准与技术研究所，是美国商务部的一个下属单位，原称国家标准局，负责推广与维护衡量标准	
ISO*	ISO	Section 12.6.1	Section 12.5.1 和 Section 12.6.1
	描述	ISO 是一个由大约 100 个国家的标准机构组成的联盟，每个成员国都有一个代表的标准机构	
ASD	澳大利亚信号局	Top 4 - (2) & (3)	
	描述	澳大利亚信号局是澳大利亚国防部的情报机构	
MAS	新加坡金融管理局	Chapter 9.4 和 Chapter 10.1	Chapter 9.5
	描述	新加坡金融管理局是新加坡的中央银行，任务是促进非通胀经济持续发展增长，并建设一个健全、进步的金融中心	
SWIFT	SWIFT	Control 2.7A	Control 2.2
	描述	SWIFT 是一个全球会员制协作性组织，世界领先的安全金融信息服务提供商	
Act 10173	菲律宾共和国 2012 年数据隐私法案	28.d 和 28.f	28.d
	描述	菲律宾数据隐私法案的目标是与恐怖组织和独立犯罪分子窃取个人信息造成的日益严重的威胁进行斗争	
NYDFS	纽约州金融服务厅	Section 500.05 和 Section 500.09	Section 500.09

续表

缩写	名称		漏洞管理	补丁管理
NYDFS	描述		纽约州金融服务厅是纽约州政府的一个部门,负责监管从属于保险、银行和金融机构的金融服务	
NERC	北美电力可靠性公司		CIP-010	CIP-007-5
	描述		北美电力可靠性公司(NERC)是一个非营利国际监管权威机构,其任务是确保北美大规模电力系统的可靠性。NERC 制定和执行可靠性标准,每年评估季节性和长期可靠性;通过系统感知能力监控大规模电力系统;并进行行业人员培训和认证	
FERC	联邦能源管理委员会			FERC 参考 NERC、ISO 以及 ICS 的安全实现,没有提供独特的指导方针
	描述		联邦能源管理委员会(FERC)是美国的一个联邦机构,负责监管批发市场上在各州间流通交易的电力、天然气和石油的传输与批发销售	
HITECH	经济与临床健康信息技术			Technical Safeguards - § 164.312 (HIPAA)
	描述		HITECH 法案以法律形式确立了国家协调办公室(ONC),授权美国卫生与公众服务部制定计划,通过推广卫生 IT 技术(包括电子健康记录,以及私密、安全的电子健康信息交换)改善医疗保健质量、安全性和效率	
GDPR	欧盟数据保护条例			GPDR 风险评估推断保护数据的漏洞和补丁管理要求
	描述		欧盟通用数据保护条例(GDPR)取代了数据保护条例 95/46EC,目的是统一整个欧洲的数据隐私法规,保护和加强全体欧盟公民的数据隐私,重塑该地区组织对数据隐私的处理方式	
DFARS	国防联邦采购条例			DFARS 是一种采购监管手段,为了合规,可参考 NIST 800-53 和 NIST 800-171
	描述		DFARS 提供了国防部(DoD)的具体采购规定,政府采购人员和与 DoD 有商业往来的承包商在商品与服务采购过程中必须遵守	
ATT&CK™	对抗性战术、技术和常识			ATT&CK 的持续、权限提升、防御规避、凭据访问、发现、横向移动、执行、收集、渗漏和指挥控制可对应于漏洞、漏洞利用和修复策略
	描述		MITRE 的对抗性战术、技术和常识是一个精心策划的网络对抗行为知识库和模型,反映了对抗生命周期的各个阶段,以及它们针对的已知平台	

*值得注意的是,NIST 和 ISO 等标准实际上不是合规举措,而是监管框架。企业组织实施它们是出于合同的要求和最佳实践,它们往往模糊了框架、监管、合同和法律要求之间的界限。为了保护资产,本章对它们进行了介绍,并在第 20 章会有进一步的详细介绍。此外还要注意,NIST 和 ISO 也是许多书中没有介绍的其他法规的参考文献和基础。

第 20 章 风险管理框架

合规框架提供监管要求与支持它们所需业务实践之间的联系。这些框架提供模型和结构,对风险及相关内控措施进行组织和分类,以帮助组织监控和度量活动与投资的有效性。通常,通过框架中概述的一系列控制目标来实现这一目标,组织可以利用这些目标评估安全态势,并设置目标以改进保护系统与数据的规程。利用合规框架的另一个显著好处是,它可以帮助组织排定各项活动的优先级并加以协调,不仅可以满足单一监管要求,也满足了跨多种监管的要求。

值得注意的是,多年以来,信息技术专家已经发现,必须满足的监管要求日益增加,他们也得到了越来越多的潜在框架和方法,这些框架和方法能够以可验证、可度量的方式管控信息技术风险。现有框架(如 NIST、ISO 27001、CIS 和 HITRUST)作为最佳实践已被广泛接受,各类组织使用它们来评估、监控和度量自身安全与合规投资的有效性。一些框架(如 SANS 20)是以技术为导向的,明确指出技术和安全控制手段,而其他框架则更多的是最佳实践和建议方针。不管采用何种方法,框架的目标都是提供建议和指导,明确实践与规程,从而创造商业价值并将风险降到最低。本书不会详细介绍每一种框架,但安全人员熟悉他们可能遇到的常见框架十分重要。表 20-1 概述了最常用的框架及其用例。当您阅读该表时,就会发现各个框架之间存在与业务垂直领域无关的重合部分。

表 20-1 常见风险管理框架

组织	框架名称	安全控制
PCI 安全标准委员会	支付卡行业数据安全标准(PCI DSS)	12 项要求,被分为 6 组控制目标
	描述:支付卡行业数据安全标准(PCI DSS)最初于 2004 年制定,这个信息安全标准概述了接受信用卡(如维萨卡、万事达卡和美国运通卡等)的每个组织都需要满足的 12 项安全要求。PCI 安全标准委员会是一个账户数据保护安全标准持续发展、改进、存储、分发和实施的全球性论坛。通过遵守 PCI 法规,您可以保证关键系统的安全,保护敏感的持卡人数据	

续表

组织	框架名称	安全控制
互联网安全中心（CIS）	CIS 关键安全控制	CIS 20 controls
	描述：CIS 的有效网络防御关键安全控制（称为 CIS Top 20 Controls）最初于 2008 年制定，目前为 6.1 版本，它是"一组建议的安全防御措施，提供应对大部分常见攻击的具体、可操作的网络防御方法"	
开放 Web 应用安全项目（OWASP）	OWASP Top 10	Top 10 controls
	描述：开放 Web 应用安全项目（OWASP）是一个全球性非营利慈善组织，专注于提高应用软件的安全性。OWASP Top 10 Web 应用安全风险针对 Web 应用中最常见且易被利用的高危漏洞，为开发人员和安全专家提供指南。OWASP Top 10 不是风险因素的完整列表，但为组织加强 Web 应用环境安全态势提供了一个可靠的出发点	
国家标准与技术研究所（NIST）	NIST 800 系列关键基础设施网络安全改进框架	NIST Special Publication 800-53 NIST Special Publication 800-171
	描述：NIST SP 800-53 概述了一个全面的战略，结合了各种用于持续监控的安全控制措施，以实现更好的基于风险决策。另一组广受欢迎的 NIST 控制措施是 800-171。NIST 800-53 和 NIST 800-171 之间的主要差别在于，后者是专门为保护承包商和其他非联邦信息系统上的敏感数据而开发的	
国际标准组织（ISO）	ISO/IEC 27000 系列信息安全管理系统	ISO/IEC 27001
	描述：ISO 提供一系列标准，以帮助组织保障信息资产安全。每个标准提供与一组专注于特定目标的活动相关的指南。例如，ISO 27001 涵盖了安全项目基础建设，27002 涵盖了详细控制措施，27005 涵盖了风险管理	
英国政府商务办公室（OGC）	信息技术基础设施库（ITIL）	ITIL 本身不提供关于控制措施的具体指导，在安全管理的这一方面依靠 ISO 等其他框架。ITIL 更多地关注更广泛的活动及与安全服务交付和支持的关系
	描述：ITL 是一个提供 IT 交付服务最佳实践的框架。ITIL v3 分为独立的五卷：ITIL 服务策略、ITIL 服务设计、ITIL 服务转化、ITIL 服务运营和 ITIL 持续服务改进	
FAIR 学会	信息风险因素分析（FAIR）	
	描述：FAIR 是一个理解、分析和度量信息风险的框架。基础 FAIR 提供了包括四个阶段、十个步骤的框架，用于在整个组织内一致地量化和沟通风险	
卡耐基·梅隆大学软件工程学院	OCTAVE	
	描述：OCTAVE 是卡耐基·梅隆大学的计算机应急响应团队（更常称为 CERT）开发的。这个安全框架提供了信息安全的战略性方法	

续表

组织	框架名称	安全控制
信息系统审计与控制协会（ISACA）	COBIT	COBIT5 治理与管理实践
	描述：COBIT 是一个治理与管理框架，定义和组织可实施的控制手段，这些控制被组织为 IT 相关过程	

利用行业标准能够确保企业和合作伙伴都遵循最佳实践来保护系统与数据。选择安全框架时没有"放之四海而皆准"的标准，在大部分情况下，最合适的框架可能在启动漏洞计划之前就已经存在。启动漏洞管理项目时，了解组织必须遵循的监管要求以及已经实施的风险管理框架是十分重要的。在某些情况下，ISO 27001 等框架能够补充现有的 ISO 框架实施。而在其他情况下，垂直行业和合规要求可能在框架选择中起到更重要的作用。例如，COBIT 可能更符合 SOX 的要求。ISO 27000 提供了跨行业的广度和适用性，但更可能在需要宣传其 ISO 认证时采用。NIST SP 800-53 提供的控制措施是专门为美国政府机构设计的，但也提供适用于垂直行业和组织的信息安全标准。

第 21 章
让一切都真的发挥作用

网络计算环境的发展——包括更多地使用移动、云和虚拟基础设施——为我们的对手持续不断地创造了新的攻击向量。在组织外部,安全边界一直在扩大,包括权限和漏洞。不管使用什么策略,大部分数据泄露事件都包括对软件漏洞、系统配置或糟糕的权限管理状况的某种利用。

不过,尽管漏洞管理技术广为部署,许多安全专业人士仍然苦于找不到保护其组织、实现合规性和在企业范围内传达风险的最佳方式。实际上,大部分漏洞管理解决方案对安全主管在业务环境中加入漏洞与风险信息并没有太大的帮助。

看着大量死板的数据和静态报告,安全团队只能人工辨别真正的威胁,并确定如何采取行动——这使组织甚至无法抵御初出茅庐的攻击者。Verizon 的 2017 年数据泄露报告强调了一个残酷的事实,"99.9%遭到利用的漏洞,在攻击发生的前一年就已发布了 CVE"。安全专业人员应该从漏洞管理解决方案中得到更多。这就是将漏洞数据放在合适的上下文中的重要性。

21.1 知道您的网络上有什么

在当今的数字化经济中,企业必须迅速行动,以响应客户需求。这往往涉及网络化计算环境的频繁改变(如增加新系统和应用),以及不断变化的用户群体。Web、移动、云和虚拟化平台等技术的使用,本身已成为保持竞争优势的商业战略的一部分。在这种不断变化的局面下,您知道连接到您的网络的是哪些东西吗?

利用漏洞管理解决方案,您就有能力有效地发现不限数量的基于网络的资产。如果该资产有一个 IP 地址,您就可以找到它、进行分类和审计。实际上,市场上的每一个解决方案都能发现资产,并实施基于网络的漏洞评估。毕竟,您无法保护看不到的东西。

所有部署都必须对全部资产进行零缺口覆盖，对 Web、移动、云和虚拟平台等全部资产进行全面的分析，以满足多种多样的 IT 环境。除了基于网络扫描之外，漏洞管理解决方案的部署还应该考虑基于代理扫描，以确保所有资产都能得到保护，不管它们是否连接到您的网络。

除了定位整个网络中所有已知和过去未知的（新）资产之外，还要考虑做出更明智的安全决策所需的"关键视角"，具体如下。

- **资产剖析**——收集用户和设备信息，包括 IP、DNS、OS、MAC 地址、端口、服务、软件、进程、硬件、事件日志等。
- **资产分组**——根据 IP 范围、命名惯例、操作系统、域、应用、业务功能、活动目录等，对资产进行逻辑分组、评估和报告。
- **资产上下文感知**——根据附带损害的可能性或目标分布，以及机密性、完整性和可用性要求，理解分组的价值和风险。

这包括漏洞管理解决方案的功能工具（见图 21-1），可以执行如下功能：

- 枚举硬件和软件（不考虑操作系统）；
- 枚举服务和服务账户；
- 识别开放端口、运行进程和共享；
- 枚举用于确定权限风险的本地与域用户、权限、密码使用期限、最后登录日期等。

发现了5个项目资产

资产	漏洞	端口	共享	服务	软件	用户账户	攻击
192.168.001.216	19	1	0	25	390	54	0
enterprise	18	10	0	0	0	125	0
GEMINI	46	14	5	177	13	23	0
PROMETHEUS	8	9	0	0	0	0	0
RELIANT	102	15	3	171	30	24	0

图 21-1　通过发现扫描或漏洞评估枚举数据的示例

21.2 自动化凭据扫描

经过认证的漏洞扫描是更为准确的方法，提供了比无认证扫描更深入的信息。但认证扫描需要使用特权凭据，这往往持续、不为人所知地改变了它们的保护状态。更复杂的是，常规扫描需要自动化。组织如何在保护特权凭据的同时，使它们自动地用于漏洞扫描？

为了解决这个难题，漏洞管理解决方案应该与密码安全措施、密码保管库和/或密码管理程序集成，自动化地使用持续轮换的特权凭据，进行有认证的漏洞扫描（见图 21-2）。这样就可以避免陈旧或薄弱的密码成为可能危害环境的攻击向量。

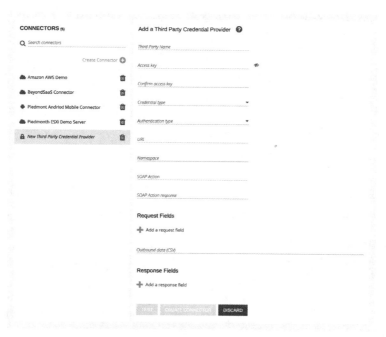

图 21-2　用于检索凭据的漏洞管理集成

21.3　找出潜藏在阴影之中的东西

在信息技术持续消费化的推动下，"影子 IT"日益成为各类组织的安全隐患。

正派的员工将未经授权、往往也不受支持的硬件或软件带进组织中，只为了找到更好的工作方式。然而，由于信息技术专业人士可能没有意识到这些资产，当然也就不可能审查它们。手机和平板等移动设备，以及 Dropbox 等基于云的文件共享服务就是影子 IT 的常见例子，它们可能给组织带来严重的安全和合规风险。

不管您是否热衷于使用自有技术（BYOT），员工行为都可能出现这样的转变。由于您不能阻挡越来越多的此类资产渗入组织之中，因此就需要拥有更强的能力，能够立刻发现高风险资产，以便尽快使其达到安全标准或者隔离。

您的漏洞管理解决方案应该允许组织根据共性自动创建资产分组，标记未知应用，以及检测已知威胁。这样就能增加上下文，使您对未知危险的潜伏位置有更灵敏的判断，并有如下能力。

- 认识不同的系统，例如，1521 或 1433 端口开放的系统可以分类为"数据库服务器"。
- 提醒安全人员，并对高风险漏洞、生产环境中的未知端口，以及 Team Viewer、VNC、P2P 客户端等未授权软件派发工单。
- 创建风险指标，在发现时生成警报，包括安装未授权软件的系统、6667 等可利用端口的开放，以及 conficker.exe 或 malware01.exe 等活动进程。

图 21-3 展示了主流漏洞管理解决方案中的逻辑分组，以说明使用这些分组分类资产的方式。

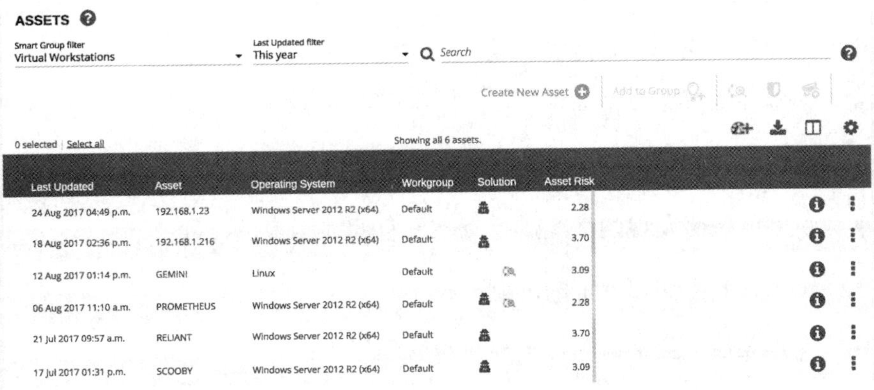

图 21-3 通过发现的特征（本例是虚拟化工作站）对资产进行逻辑分组

21.4 清晰看待数据

大部分漏洞管理解决方案都会产生大量数据、数百页的报告、列出漏洞及相关严重性（高、中、低）、CVE 标识符、CVSS 特性以及改正措施的建议。虽然这些报告提供了宝贵的安全数据，但它们缺乏资产或漏洞有限排序所需的额外背景信息——使组织无法从收集的海量数据中确定最大威胁。

漏洞数量不断增加，您永远不可能全部修复，因此，您必须更明智地决定漏洞修复的优先级。确保您能够提供结果驱动的报告，根据特性（如是否有已知利用存在、是否无须特权便可远程利用、是否有活跃的恶意软件利用该漏洞以及其他弱点修复之后该漏洞的严重性变化）排定漏洞优先级，将风险置于聚光灯下。这被宽泛地称作威胁情报。

为此，报告、仪表盘和用户界面应该能够提供 SLA、PCI、ISO、HIPPA 等合规报告，并定义资产的业务上下文。然后，解决方案必须以各种格式（见图 21-4）向对应的所有者提供有针对性、相关的和可操作的漏洞情报，这些情报包括：

- 资产库存清单、风险趋势、偏差和逻辑分组；
- 风险矩阵、严重性评分与趋势；
- 攻击严重性、影响和目标；
- 扫描任务历史与指标；
- 配置评估报告（可选）；
- 虚拟资产漏洞、趋势和偏差；
- 数据库漏洞和严重性评分；
- 按照 CVSS、操作系统、严重性和类型列出的漏洞；
- 供团队按照发现的情况进行资产修复的补丁管理报告；
- 影响仪表盘和记分卡的漏洞；
- 支持其他安全举措的权限与身份管理报告；
- 漏洞 SLA 报告；

- 按照业务规章出具的合规性报告；
- Web 应用程序漏洞、趋势和偏差或变化报告；
- 修复报告；
- 0day 漏洞、趋势和排除（例外）报告。

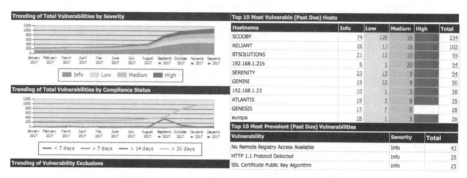

图 21-4　根据高危漏洞排列资产优先顺序

21.5　找出威胁中的软目标

如前所述，漏洞管理解决方案因生成大量数据而声名狼藉。在这些数据集中，往往会找到数百个高危漏洞。然而，由于组织处理这些漏洞的资源有限，它们不可能立即（或者甚至在较短的维护时限内）修复所有漏洞。不仅需要知道漏洞的严重性（CVSS），还要了解漏洞利用的难易度，是帮助组织迅速排定漏洞优先级、处于竞争优势地位的关键因素之一。

除了利用漏洞所需要的先决条件，或者成功攻击可能带来的影响，组织还应该了解哪些漏洞发布了利用，哪些没有。虽然这并不意味着如果没有可被公开获取的利用，漏洞就没有潜在危险，但安全运营人员可以借此确定较容易成为目标的资产，并相应地优先处理。

如果您的漏洞管理解决方案能够将恶意软件和漏洞利用的研究与多种第三方漏洞利用数据库关联，并强调哪些漏洞有容易取得的漏洞利用、容易遭到攻击，那就非常有帮助了。这些漏洞利用包括已知的恶意软件（如 VirusTotal 等数据库中的那些软件）和 CANVAS、Core Impact、Exploit Database 和 Metasploit 等漏洞利用工具。如果在您的关键资产中发现了这些，您的城堡被侵入的风险就很大了。

21.6 注意您的漏洞缺口

基于云和虚拟机的应用越来越受欢迎，给传统的基于网络的漏洞管理解决方案带来了一些特殊挑战。大部分在线上的资产通常不太难查询和审计。可是，未连接到您的网络，或者随机、不频繁连接的设备或应用怎么办？虚拟系统在基于网络的扫描期间可能运行，也可能不运行，而基于云的应用实际上不受您的控制。您还可能有一些经过加固的联网系统——限制了您从外部查看的范围。您要如何弥补这些漏洞缺口？

为了确保您的所有资产都被记录在案，在合适的时候使用代理。如果资产有可能导致横向移动和暴露的风险，就必须评估。

基于代理的扫描能力一度被认为是有问题的，但在现代网络环境中，它是解决多样性环境问题的可靠手段。部署漏洞评估代理使组织可以使用如下手段弥补其漏洞缺口：

- 无须提供凭据的全面有认证扫描；
- 更快的漏洞评估；
- 查询和审计短暂运行的虚拟平台的能力；
- 支持禁止主动扫描的云环境；
- 来自通过加固、防火墙、IPS 等手段加以保护的系统的全面风险情报；
- 所有本地扫描数据的无缝集中管理；
- 更频繁、连续的评估。

21.7 统一漏洞与权限情报

大规模信息泄露往往始于攻击者利用低级别系统上的一个外部漏洞，并获得访问关键系统和数据的权限。广为人知的 Adobe 泄露事件就是如此：从互联网到一台 Cold Fusion 的一条路径被打通，而公司并不知情。Adobe 很不幸，这台服务器上的一个低级漏洞被黑客利用，这次泄露事件曝光后造成了毁灭性的后果。

企业需要一种统一漏洞与权限风险情报的策略，这样 IT 和安全运营人员就可以根据收集到的信息，协作制定最小权限和安全决策，而不是使用碎片化的信息解决问题。

通过集中和关联权限、访问和漏洞信息，BeyondInsight 平台为 IT 和安全人员提供了更清晰、更有启发意义的企业风险全貌。

21.8 威胁分析

IT 和安全团队被权限、漏洞和威胁信息弄得不知所措，这已不是什么秘密。由于关联这些多样化数据的能力有限，组织往往对孤立、隐蔽的高级持续威胁（APT）视而不见。应用的首次启动；管理员在凌晨 2 时登录；服务器有未修补的漏洞。单独来看，这些事件都可能被看成低风险事件。可是，结合起来看，这些表面上无害的事件预示着大麻烦。

使用分析和漏洞数据，可以帮助 IT 和安全专业人士确定其他安全解决方案常常会忽略的数据泄露威胁。正如一位优秀的侦探，分析人员擅长收集不同的线索，关联起来并揭露出未来的网络犯罪分子。这是怎么做到的？分析解决方案通过关联来自不同来源（包括漏洞管理数据）的低级权限、漏洞、恶意软件和威胁数据，找出特定的高风险用户及资产。

为了在合适的背景里讨论恶意软件流行的问题，Verizon 统计了 2014 年在 1 万个组织中的恶意软件事件数量，得出了惊人的数字——1.7 亿次，相当于每秒内发生 5 次恶意代码攻击事件，与全球新生儿的数量相仿。不管您是否认为杀毒行业已经消亡，有一件事是肯定的：试图用单一的杀毒软件抵御此类攻击，无异于用大刀长矛对抗枪炮。

21.9 合理化补丁流程

将所有资产、检测相关漏洞进行分类是重要的第一步，但安全专家一致同意，仅仅识别漏洞是不够的。组织需要更简单、更自动化的方法来修复它们。尽管大部分漏洞管理解决方案提供缓解漏洞的指南，但它们要求您手动下载、安装和验证改正性软件补丁，这可能是困难、漫长的过程——同时也给系统留下了遭到攻击的危险。

漏洞管理与微软系统配置管理器（SCCM）、Windows 服务器更新服务（WSUS）、Ivanti Shavik、Tanium、BigFix 等的集成，为管理员提供了从单一窗格关联补丁与部署的能力，使组织能够观察到与遗漏补丁相关的风险，同时继续利用现有的补丁基础架构。因此，与补丁管理集成能够通过如下手段，减少修补漏洞的痛苦：

- 合理化所有机器上微软和第三方应用从发现、评估到补丁部署、验证及上下文感知报告的全过程；
- 将发现的漏洞与可用补丁对应，并利用先进的资产选择与分类方法，更好地排定修复活动的优先级；
- 根据发现的漏洞自动下载遗漏的安全更新，并于扫描结束时在整个网络中部署遗漏的补丁或服务包。

所有组织的目标都是在漏洞管理上形成闭环，从单一控制面板上迅速排定修复活动的优先级，用立即或计划的补丁修复任何解决方案（包括定制应用）的漏洞，并以整个补丁管理生命周期的端到端报告观察全局，提供无缝修补能力。图 21-5 说明了漏洞管理解决方案与补丁管理解决方案集成，来形成合理化工作流程的方法。

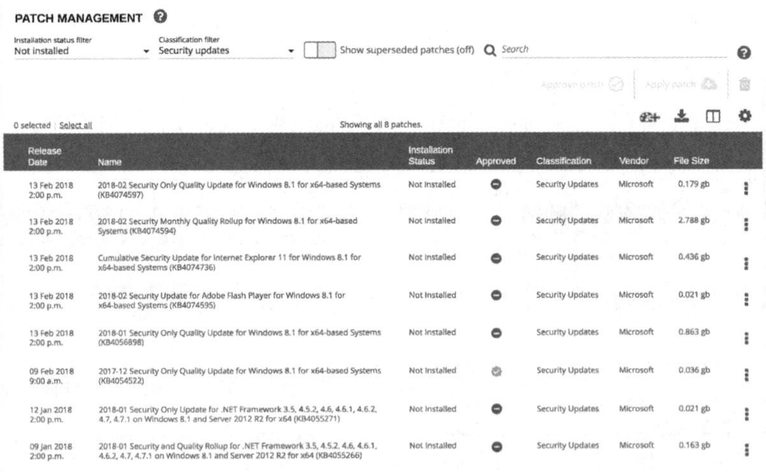

图 21-5　漏洞和补丁管理解决方案集成，实现工作负载的优先级排序和简化

21.10　共享和协作

虽然术语可能各不相同，但近 20 年来，漏洞管理的基本方法一直保持不变——发现资产，审计以找出漏洞，排定优先级并修复，最后报告进展。虽然在限制攻击面上很有价值，但这种寻找、修复、自动化和重复的方法并不能帮助组织更好地发现新兴的威胁，也无助于将安全事件升级到组织内部的其他防御或其他系统。

企业端到端解决方案可以与其他安全基础设施（如 SIEM、权限、防火墙、GRC 等）分享实时资产情报，扩展漏洞管理计划。这是通过整合解决方案网络，相互协作解决新的难题，并以新的方法解决现有问题，目标是以更强大的态势感知能力帮助组织，使它们能做出更明智、更有根据的安全决策。考虑如下的集成措施，以获取和导出可能对您的环境有所帮助的漏洞和风险数据。

- **安全信息事件管理（SIEM）**——为 SIEM 解决方案（如 HP ArcSight、IBM QRadar、LogRhythm、McAfee、Splunk）增加实时漏洞情报，为组织提供胜人一筹的目标攻击和泄露检测，以及更广泛的合规可见性。

- **权限访问管理（PAM）**——结合资产情报和权限访问管理（PAM）产品，使组织有能力根据应用程序的已知漏洞、使用期限、潜在风险和合规性影响做出权限访问决策。

- **下一代防火墙（NGFW）**——将来自下一代防火墙的网络流量与详细的漏洞、恶意软件和攻击数据以及用户和应用程序事件信息关联，为企业提供全面、更有启发性的关键资产风险视图。

- **网络管理系统（NMS）与工单**——与 NMS 和工单系统（如 ServiceNow、BMC Remedy、HP Openview、微软 SCCM 和 Solar Winds）双向通信，使组织能够将安全和合规事件升级到当前的 IT 工作流中，然后自动化运行扫描任务，以验证结果并提交报告。

- **云**——发现和分类微软 Azure、Google Cloud 和 Amazon AWS 资产，并审计相关漏洞，为组织提供云端风险与合规性的清晰全貌。

- **治理、风险与合规（GRC）**——在 GRC 解决方案（如 Agiliance、Control Case、LockPath、Modulo 和 RSA Archer）中插入安全配置评估（SCA）

数据，让更改管理人员、IT 管理员、审计人员和安全人员可靠地跟踪和验证配置更改对监管标准合规性的影响。

- **业务管理**——建立与业务管理解决方案的双向通信，使公司能够输出资产配置、启动漏洞扫描和生成事故工单（根据数据），从执行角度了解最新的资产配置和风险信息。

图 21-6 以路线图的方式说明了所有这些不同解决方案如何集成到您的漏洞管理计划中。

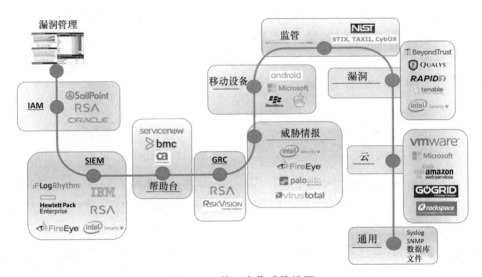

图 21-6　第三方集成路线图

第 22 章
实战故事

过去几十年里，我（Morey——而不是有些读者认为的 John Titor）遇到了许多用例和客户，他们本质上不理解所属资产的风险和组织内部过程。当时，我记录了自己最喜欢的例子，将其放在这一章作为可以吸取的教训。这些故事听起来可能有些个人化（以第一人称写成），甚至有点松散，但我们都可以从中吸取教训，不再犯同样的错误。这些短小的故事来源于真实的客户和销售团队，他们在信息技术安全、漏洞、过程和销售周期的管理中遭到了惨重的失败。我们希望这些结果成为所有人的参考点，由此知道试图保护宝贵资源时不应该做什么。

22.1 丢失的企业客户

作为主流漏洞管理解决方案的产品经理，我以为自己见过各种类型的客户，直到 2010 年底的一次出差。潜在客户、一家财富 100 强公司在过去的六年中一直使用傻瓜式漏洞评估解决方案，需要升级企业级解决方案以覆盖所有业务领域，因此，他们着手撰写信息征询书（RFI）以收集评判标准。这就是一切的起点，安全部门编写了一份一页长度的 RFI，没有预算、管理层批准，也没有对法律和采购的认识。我们的第一感觉就是出了问题，这份 RFI 没有附件，甚至没有使用公司的抬头，上面没有文档控制编号，甚至没有免责声明。我的直觉是，删掉电子邮件，采取行动。我应该遵循自己在业务上的本能。但是，在我的企业客户经理保证下，我回答了他们提出的问题，开始了这个试验性项目。

对于任何企业试用项目，拥有硬件和解决方案先决条件是成功的关键。如果客户无法提供具备最低软硬件要求的基本实验室条件，您从一开始就注定会失败。每个系统工程师都至少有过一次惨痛的教训。我们去现场的前一个周五，客户仍然没有为我们的试验准备任何硬件，但保证周二早上我们抵达时一切都会好的。

第 22 章 实战故事

机票已经定好，天气也一直很好，我们出发了。

对于加载解决方案的备份计划，我在几年前又得到了另一个教训。一定要有 B 计划。在这个案例中，我在一台虚拟机上安装了全部解决方案，并带有演示许可证，以及操作系统和数据库的评估版本。当然，如果客户没有我所需的硬件和软件，我可以找到一台有足够 RAM 和 CPU 的工作站，运行 VMware Player 和我的 B 计划。

就这样，我们于周二早上抵达现场，当然，安全部门完全不知道我们的到访。此外，销售人员甚至不知道具体应该到哪座楼，因此在进入园区之后，我们不得不四处摸索正确的入口。我有没有说过，外面的气温是华氏 20 度（摄氏 −6.7℃）？

不管怎么样，我们总算到了，找到了联系人，并被领到实验室。他们的实验室中最新的服务器是 2001 年的，上面运行着许许多多其他软件，似乎要一辈子才能启动起来，只有一个硬盘、没有任何可用资源，根本就不是企业试验项目的合格候选——这个箱子里什么也没剩下了。

因此，我们寻找另一台台式机，实施 B 计划。我们找到了一台大约 2003 年购置的台式机，有 6 GB RAM，安装了 64 位的 Windows XP。这台机器本应堪用，实际上却不行。没有支持 VT 技术的 CPU，VM Player 无法在具有 8 GB RAM 的 64 位操作系统上运行虚拟机。这是第二次打击。我们又找了一台更新的台式机，内存少得多，但它符合其他要求。三个小时以后，我们在一台性能不足的虚拟机上解压了一个大小为 80 GB 的 VM。

此时，我将销售人员拉到一边，告诉他这些坏消息。他当然毫不在意，告诉我让系统运行起来。担任产品经理之前，我是个系统工程师，后来又担任副总裁和 CTO；即便在当时，我也更加了解情况。可是我该做什么？撒手不管吗？

好吧，我在中午让 VM 运行了起来，并进行了一些初步扫描。一切都运行得很慢，导致产品看上去很糟糕。我不确定哪种情况更糟：拥有一个满是 Bug 的解决方案，还是因为运行环境而显得很差的解决方案。

现在，我必须补充说明一下关于整个过程的人员问题。在寻找一个系统的痛苦经历中，有三个不同的人陪同我们，没有人负责我们在场时的后援工作。这又是一个危险信号？

无论如何，我们还是完成一些扫描，提交一些报告，结束了当天的工作。我认为这事完了,我们从未向管理层展示过,从未总结这个试验项目,也从未问过什么才是重要的。没有销售问题,也没有后续的计划。从一开始,这个项目就注定了失败,而我是听命于客户经理的傻瓜。

当时是年底,销售部门一块钱也不想错过。客户经理告诉我,他们真的很重视,需要回到现场去完成这笔生意。我那"蜘蛛侠"般的感觉又来了,说这简直是疯了。是的,他们是疯了,可是作为一名优秀的项目经理,我听从了他们的意见,去了现场。

我们冒着大雪和严寒到了现场,在对方陪同下走进一间会议室,花了大约两个小时向一个人展示这个解决方案。随后,他们离开了。我们独自用了午餐,将近三个小时以后,他们才回来。不到一个小时,我们就结束了当天的工作,我们根本没有见到负责项目的行政人员,他们也没有给出任何关于采购的答复。这是我们第二次到访该公司,客户经理很有把握地认为,我们能做成这笔生意。他错了。我们离开后,我继续和坏天气进行斗争,飞到下一个城市去参加一项演讲活动。这个项目从第一天起就注定要失败,客户毫无消息,我们也永远不知道他们买了什么(如果有的话)。

从这个项目可以得到如下教训:

- 确保这一规模的公司的任何试点项目都能得到资金和批准;
- 如果书面文件不完整,找出原因;
- 在去现场之前确保所有试验先决条件得到满足;
- 一定要有 B 计划,特别是需要出差的情况(这有点像《僵尸之地》里的原则);
- 一定要与公司中的相应人员对话,特别是采购和管理人员;
- 相信直觉,不要相信销售人员"一定会赢"的说法。

22.2 只是一场胜利

偶尔,您会赢得一个愿意为您做任何事的客户。这简直就像得到了人生中最好的朋友。如果您为他们解决了一个问题,使其变得与众不同,那无论什么

第 22 章 实战故事

他们都乐意做。2004 年左右，我帮助一个客户试运行我们的端点解决方案。当时，那还是一个初级产品，刚刚推出 1.0 版本。老实说，管理控制面板很不成熟，部署起来也很棘手。但是，我们的客户出手阔绰，老板希望这个方案能够顺利运行。

与许多其他客户相比，这个客户有一个特点，那就是愿意为了项目的完成和运行而退让。硬件？不在话下。工作站的正确安全配置，"没问题"。

有一天，我们很早就开始部署代理，但几乎马上就停了下来。所有正在部署的代理造成了事件信息的风暴。我不知道原因是什么，如前所述，管理控制面板乱成一团，我们所能做的就是看着日志滚动。那个界面实在太丑了。

因此，在排除一些故障以消除噪声之后，我们确定已部署的所有代理都在发送有关网络上三个不同 IP 地址的垃圾信息。奇怪的是，每个事件中的信息都是相同的。

我们的联络人将这些 IP 地址与对应建筑物中的医疗设备隔离。下一步是进行短暂的访问，看看这些地址代表什么设备，它们正在做什么。抵达之后，我们注意到这三个地址代表的都是同一种 GE 医疗诊断设备，它们的 Windows XP 系统上没有安装任何服务包、防火墙或杀毒软件。

这三个系统都感染了蠕虫病毒。它们正在扫描网络，寻找其他可以感染的设备，当它们试图感染一台安装了我们的端点解决方案的机器时，该机器就产生了警报。那也就是我们看到的信息。

在一个提供医疗服务的设施中，关键的医疗设备遭到感染，并试图感染网络上的其他设备，您能想象当时 CISO（首席信息安全官）的脸色有多难看吗？

我们立刻将这些医疗设备与网络断开，配置为独立模式运行（将结果保存在软盘上，而不是与网络上的 PACS［图片存档与通信系统］通信），可以看到，信息风暴完全停止了。

在这个例子中，技术起到了很好的作用，使客户免遭一个为难的问题，也使我们的解决方案中的决策者和利益相关者看起来像国王一样气派。我们赢得了一生的客户，使他们的网络出现了巨大的变化，可能也救了某人的命。没有比这更好的情况了。

这个案例中得到的教训如下所示。

- 只要发生一件事，就可能赢得或者失去客户。一场重大胜利能让他们终身难忘。

- 不管代码多么混乱，不要轻易忽略出现的错误和问题。程序也许只是在正确地工作。

- 当您的解决方案解决了实际问题，一定要让所有人知道，否则，其他人就无法从您的胜利中获益。

22.3 太多了，无法管理

我听到了有关应用程序白名单和黑名单的各种议论。关于如何最好地保护应用程序、控制程序执行的方法。在公司开始构建大规模 MD5 散列库以支持这些举措之前，客户必须在基于主机的防火墙和应用程序控制解决方案上逐个注册应用程序。当一个新版本出现和一个新版本打补丁时，IT 部门就必须注册该版本，才能使其工作和在网络上通信。

因此，就在几年前访问纽约的一个客户时，他们告诉我们，他们有数千个资产，环境中有 3 个版本的 Office。根据采购时间和用户需求，有些机器上用的是专业版，有些是基本版，有些则是商业版。所有这些版本都加载了各种服务包和安全补丁。会议结束时，我们估计基于主机的防火墙必须管理超过 100 个不同版本的 Office 文件，因为客户在此过程中没有任何补丁管理或标准化措施。

现在，加上所有第三方应用和他们开发的定制应用（有少数几个），他们需要管理所有台式机的数千个 MD5 散列值，并且这个列表还在不断增长。应该承认，他们知道这是疯狂的做法，希望有更好的解决方案。我们讨论了我所在公司所能提供的技术，但他们希望仍然以散列控制来完成所有工作。他们只想要比当前工具更好的散列值管理方法，不能接受不需要如此细致的管理得更好、更新的技术。结果自然是，他们继续使用现有技术，增加更多人手去管理这些设备的安全。

得到的教训如下所示。

- 如果您无法推广客户能够接受的更好技术，投资回报率（ROI）就无关紧要。

- 客户必须愿意改变对现在使用的产品的看法。否则，他们只会买已有产品的新版本。

- 不断地为一个问题投入人手很少能够奏效，这只适合于劳动密集型应用。

- 改变是好事，但客户必须愿意改变。有些时候，他们只是在寻找维持当前做法的理由。

22.4 过时

一家企业客户请求我们到海外访问，以审核奇怪的漏洞数据和全球架构部署。抵达客户那里时，我期望一切顺利，但我们确实发现了几个需要在全球作为例外情况排除的漏洞。清理数据后，我们开始观察最高风险的资产和最容易修复的风险，并有了一些惊人的发现。

首先是一个运行 Windows NT 4.0 的过时系统。这台服务器对业务运营和客户满意度非常关键。几年前，微软也曾认为这款设备应该寿终正寝了。确定谁拥有这个系统、为何一直没有更新甚至退役之后，我们确定这个硬件是第三方合同提供的，所有者没有义务进行更新或提供任何安全手段。如果这个设备受到侵害，可能导致业务停滞。唯一的缓解措施是安装内联安全装置，并配置严格的 ACL，以限制访问和设备配置。该服务器无法更新或替换，合同中也没有关于 SLA 范围之外设备维修争议的条款，安全方面也没有任何规定。

第二个发现与域控制器有关。扫描程序报告，在域控制器上的多个安装点有匿名共享访问。共享名称与标准不太相符，所以我们决定进行调查。从不在该域的一台实验室工作站上连接之后，我们看到了目录活动中每个账户的用户目录。任何文件夹上都没有安全控制，我们可以浏览任何一个文件夹，包括 CFO 的目录。那么，一名优秀的安全专业人员该做什么？我们复制了几个包含敏感信息的财务文档，将其发送给 CSO。这引起了我从未听说过的连锁反应，但我确实发现，这个共享是用于代替反向代理，以备份所有用户数据的。由于缺乏安全控制，远程连接可以读取所有目录。这样，任何用户只要愿意，就可以浏览、复制、读取甚至删除所有文件。共享立刻被删除了，代之以另一个流程。

得到的教训如下所示。

- 只要有合适的缓解和风险接受规程，任何企业都可以接受漏洞例外。
- 与第三方供应商谈判服务和设备合同时，一定要加入安全和维护条款。
- 确认其他流程和服务不会危及安全。
- 备份等流程也必须和其他流程一样安全。记住，备份中的数据可能代表整个公司，而不仅仅是有限的一部分。

22.5 复杂的才是最好的

您有没有见过看上去好像过分复杂的架构？根据所有的用户案例来看，这在有些时候是必要的，甚至是绝对必要的。有一个企业客户拥有我有生以来见过的最可怕的环境。多个站点，低速、不可靠的带宽，每个站点的工作站和服务器都频繁出现问题，这只是我找到的一些问题。最重要的是，每个站点的数据中心都被限制在一个机架，无法添加服务器和其他设施。因此，我们只能部署一个软件解决方案，与另一个服务器共享资源。

回到总部，我们安装了一台标准管理服务器，连接到所有扫描程序。经过几天的测试扫描，我们发现结果通过低质量的卫星链路传回服务器，导致带宽不足，其他应用业务中断。因此，我们的第一步是将扫描工作安排在下班时间。第二步是仅在午夜很小的时间窗口中上传数据。于是，扫描可以运行，不会因为基础设施受限而造成运行时问题，数据在其他操作停止时上传。总而言之，这种复杂的架构将多个扫描窗口分散到整个月的时间里，所有场所的数据上传窗口是背靠背滚动安排的。最初的日程安排和实施的时间表都记录在一块白板上，复杂的架构占据了主导地位，产生了不同的结果。客户对此很高兴，这个架构很有效，整个环境都从富于进取的补丁验证及 PCI 合规举措中获益。

得到的教训如下所示。

- 不要害怕复杂架构。有时候，它们是满足业务需求的必要条件。只要确定它们是必要的、不过度的即可。
- 灵活性。使用部署灵活的工具，不管是软件还是设备，或者采用细致管理数据流及工作的设置，对满足独特业务需求是十分重要的。

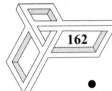

第22章 实战故事

- 计划。项目管理是复杂运行环境中的关键。计划、排期和文档记录可以改变局面,确保所有责任方步调一致。

22.6 弃赛

和孩子们一起看高中体育比赛时,我看到一些比赛中,由于一方没有出场或者运动员不足,另一方不战而胜。这种情况只是偶尔发生过几次,但在商界中,发生的次数就太多了。我的团队曾经成功地赢得一笔大生意,原因就是我们是唯一愿意上场的"运动员"。项目的要求很直观,我们的任务就是到现场做好准备,安装试用软件。我的所有竞争对手都寄出了软件和说明书或者设备,并提供了在线入门培训,但没有一家派人前往现场。为什么呢?老实说,我无意指责他们,但想要比赛,他们就必须现场参与。这是客户的要求,他们声称这有助于确认胜者。那么,为什么没有人现身呢?因为试运行的地点靠近北极圈,时间又安排在12月中旬。客户所在的地方,也就是我必须在的地方。因此,经过四次转机,乘坐一个隔日降落的航班,我终于到达目的地。

和任何旅行一样,在极寒天气中降落后的第一步是穿上暖和的衣服。这很有效,下一步是找到我租赁的汽车。帮助我下飞机的人租给了我一辆车。这个镇子真的很小,实际上,酒店餐厅的女招待告诉我,镇上的男人比女人多出四分之一,她迫不及待地想离开,到哪里都行。不管怎么说,我拿到了租来的汽车,它的挡风玻璃裂了。事实上,所有出租车辆的挡风玻璃都有裂缝。我找到了那位协助我下飞机的租车公司职员,询问他为何出现这样的情况?到这个时候,我已经快冻僵了。他告诉我,所有道路都是泥土和岩石路面,经常有石子扬起导致挡风玻璃破裂。既然如此,我还在意什么?不管路面上结冰还是有积雪,这些车都能开动。我知道这将是有趣的旅程,为了参加比赛,我必须上场。

于是,我到酒店停好了车。登记住宿后,前台问我,汽车是否插上了电源?现在,我住在阳光明媚的佛罗里达,只听说过给电动或混动汽车插上电源。因此,我理所当然地问道:"您说什么?"服务员很客气地告诉我,必须整晚上开着发动机加热器的电源,保证机油油温,否则早上车子将无法启动。怪不得我的竞争对手都没有出现。我又一次走进寒冷的户外,将车子连接到大楼外面的电源插头上。

现在,我可以去吃饭和睡觉了。

次日，我到了客户那里，安装程序，开始一项很正常的试运行工作。随后，我们得到了这笔生意，但在那里的每一刻我都很冷。第二天，我辗转16个小时飞回家中，几周之内，一份订单就出现在销售人员的办公桌上。客户甚至没有尝试其他解决方案。他们希望有人关心北极地区，在那里生活了这么多年之后，客户有权力带人去帮助他决策。这使世界变得完全不同了。

得到的教训如下所示。

- 如果客户希望您去现场，拒绝就可能丢掉生意。您必须知道，后退只会伤害自己。
- 如果您打算与客户接洽，没有周全的计划就会失败。要么全力以赴，要么一事无成。您不可能靠心血来潮，或者只用一半的力气就赢得生意。
- 不管客户在哪里、气候如何，都要去走访。炎热或者寒冷都不应该阻挡您的脚步。
- 亲自与客户面对面，能够建立良好的关系。有些时候，这是销售产品所绝对必需的。

22.7 聆听技巧

您可能有一个多年的老客户。他们可能在日常业务中全面部署了您的产品和解决方案。但是如果他们想要摆脱您，就会这么做的。事实是，每个供应商都是可以替代的，没有一个供应商拥有坚不可摧的根基。因此，我们首先要有聆听技巧。客户的环境可能部分部署了解决方案，并遇到了伸缩性和可靠性方面的问题。按照计划，产品管理副总裁和企业销售副总裁之间的高层会议将与高管人员和关键团队成员逐个研究这些问题。一个小时的会议最后拉长到将近四个小时，每个事项都记录在案，并尽可能多地做出承诺。我们听取他们的问题、承诺解决问题，并提出一项计划，解决可能解决的所有问题。现在，他们一直没有通知我们已被淘汰，但我们知道将要发生什么。

接下来的6个月中，我们发行了多个维护版本，每次都致电客户，通知他们我们修复了哪些问题，增加了哪些解决他们问题的功能。修复客户的问题并通知他们，是答案的大约90%。其他的10%是告诉他们，我们做了什么，并确认这是合适的修复方案。这种做法使客户对我们有更深的信任，聆听也就有了回报。

得到的教训如下所示。

- 解决客户的问题十分重要。您必须退后一步，聆听并记下他们的需求，并想出实现的方法。
- 只是聆听而没有交付成果，只会使您变成被淘汰的供应商之一。
- 向客户说明您的进展同样重要。这说明您聆听和关注他们的意见，并愿意与之合作。
- 不要低估客户在运营中淘汰供应商的能力。

22.8 承包商

美国 9·11 事件后不久，南佛罗里达的一个安全设施要求我到场。由于每个人都将安全看成重中之重，我匆忙经佛罗里达高速公路前往目的地。很明显，那个因为车速超过 90 英里而把我叫到路边的警官对安全不像我那么热情。交了一大笔罚金以后，我终于到达现场开始工作。根据委托，我要与一位承包商合作，他完全不熟悉我的工具，而更喜欢开源产品。他加载了那个产品，向我展示他喜欢和想要的所有功能。不用说，他试图说服我，他所想要的比客户已经购买和打算安装的东西更好。在他短暂的演示之后，我们开始安装和使用客户想要的解决方案。现在，这个安全设施的保安级别很高，不允许我接触键盘。承包商必须完成所有输入，而像密码这样简单的东西似乎无效。他指责我的工具，并再次重申他的东西更好。我有没有说过，这是一个政府安全设施？不管怎么说，在历时一天多的故障排查工作之后，我最终让他重新输入凭据，一切都开始正常运行了。我们勉强完成了安装设置，就要为负责该设施的官员演示了。演示进行得很顺利，随后我们全面安装系统并投入使用，并培训了承包商。

在我离开之前，向该设施的一位高级官员做了情况汇报。我们讨论了延误的情况，我提到了承包商加载的开放源码软件。他在谈话中完全迷失了方向，声称这是一个安全设施，任何人都不应该在网络上加载未经批准的软件。他立刻把承包商叫了进来，指责他的行为。承包商试图安装软件，为自己辩护。他们要求我

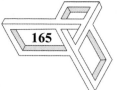

离开,不用再担心别的事情了。

我收拾好东西,交回浴室通行证,看到承包商也离开了。我和他道别,才发现经过一次相当尴尬的谈话,他因为安装未授权软件而被解约了。我再也没有听到这两个人的消息。

得到的教训如下所示。

- 承包商绝没有最终决定权,必须遵守公司的规则。他们可能也有其他超出直接雇员的限制。

- 在高安全性环境中,如果有意违反更改控制和相应的规程,任何人都可能被炒鱿鱼。

- 如果某个系统的工作状况与预期不同,检查您的密码。打字错误可能造成许多问题。

- 如果您有意破坏一项计划,可能会被反咬一口。这是个简单的教训:善恶终有报。

- 天下没有不透风的墙。

22.9 流氓设备

卡特里娜飓风袭击密西西比地区之前,墨西哥湾和河上有许多赌船。这些客户中,有一个在附近有数据中心和大型企业办公场所。经过相当大规模的试运行,对博彩设备、服务器和工作站进行评估之后,我们证明了扫描不会干扰运营,或者连接到赌场网络的老虎机等设备和现金兑换业务。有一天,例行扫描之后,我们注意到一些疑似"流氓 IP 地址"。它们属于常规 IP 范围,但没有反向 DNS 查找项,报告的操作系统是 Turtle Beach MP3 播放器。这本身就非常奇怪。由于整个赌场是一个扁平的子网,对这个 IP 地址进行一番相当复杂的跟踪后,我们发现两名员工将基于网络的 MP3 播放器插入赌场网络中,共享大量音乐,并使用骨干网一次复制 GB 级别的数据。

这些设备立即被没收,并确定了所有者。这是一次对流氓设备和非法活动的快速识别,但我们真的很幸运,不仅找到了它们,也强调了我们优秀的发现能力。

得到的教训如下所示。

- 流氓设备可能给业务造成不可接受的风险。

- 对网络有物理访问权的用户必须加以控制，并在适当的时候加锁。

- 网络上的非法内容（如 MP3 文件）可能累及公司。

- 识别流氓设备对敏感网络至关重要。

- 在关键的接线柜里安装摄像头和其他安全设备，将提升您的安全级别，避免数据篡改。

22.10 大鱼

有些销售人员追逐"最大的鱼"。最大的企业客户、最大的合作伙伴或者最大的 OEM 交易。赢得生意，获得一大笔佣金，会使您觉得自己的努力是值得的。但对于一个小公司，却可能带来难以置信的破坏。最大的客户的需求可能轻而易举地消耗小企业的资源，最终使整个交易亏损。想象一下，赢得与三家大型服务器和台式机供应商的交易，为其提供一个预装软件的情况。本地化产品、提供支持与培训以及客户服务的成本，就很可能埋葬一家企业。因为"最大的鱼"所带来的业务成本，公司必然考虑增加资源，忍受成长的烦恼，以及不将其当成唯一客户的情况下提供服务所需要的其他条件。

现在，想象您是"小鱼"，追逐世界上最大的鱼。好吧，我们就这么做了，并且还赢得了生意。7 年之后，我们学到了很多，下面是一些最大的教训。

- 遵守合同。如果您赠送了太多免费服务，保持客户满意度就成了您的祸根。

- 清晰定义角色与职责，确保没有遗漏的步骤。

- 任何服务等级协议都必须是可实现的。不要只为了得到生意而同意它们。

- 如果要提供您之前从未有过的服务，必须评估其可行性。最糟糕的情况是在分配的时间里，完全无法得到服务。

- 就像我的老板经常说的那样，先学会爬，再学会走和跑。不要期待从第一天起就能应付最大的客户。

22.11 所有机器都被 Rootkit 控制了

一个周五的下午，我的企业客户经理接到了潜在客户的紧急电话，要求我们在下周的第一件事就是到场。根据这个电话，我们确定该客户因为最近的恶意软件感染而陷入困境。我们不知道影响的范围有多大，因此，我们定好机票并做出安排，在周一清早抵达那里。早起的鸟儿有虫吃，对吗？

会议开始时，我们得知该组织的所有域控制器已经感染了某个 Rootkit。这时，关于索尼公司在使用音频 CD 的 PC 上安装 Rootkit 的新闻风暴刚过去不久。客户做了正确的事情，没有自找麻烦、清理这些机器。他们开始了创建新域、逐个重装域控制器并移植用户的痛苦过程。这一过程花了几个月才完成。

那么，为什么突然急着让我们到现场呢？看到有关索尼公司的新闻之后，执行团队决定，需要得到某种保护能力，让这种漏洞利用攻击不再发生。您能想象一切从头开始重新安装吗？驱动程序、软件、用户、策略、设置甚至在扫描后恢复用户数据？那个时候，DevOps 和虚拟化还远未普及。所花费的成本和时间都很惊人，他们不希望重复这种错误，因为他们一直没有确定机器最初是怎么感染的。

我的客户经理和我介绍了我们的解决方案的一个教科书式案例，我可以自豪地说，他们成为忠诚客户的八年之后，此后再也没有出现过类似的问题。

得到的教训如下所示。

- 危难之中的潜在客户可能容易争取。只要坦诚并真正解决他们的问题就行了。他们将保持忠诚，并一次又一次地参考您的意见。

- 当您的域控制器遭到大规模 Rootkit 感染时，没有任何安全或有保障的方法能够删除恶意软件，确保不受影响。全面重装是唯一合适的做法。

- 如果您追踪潜在客户的线索，包括他们的当务之急，重视他们的问题、提供解决方案就能展示您的能力。而无视其紧急情况，声称他们只是"谎报军情"，他们就不会相信您理解他们的问题。

- 没有人想要等待问题的修复，都希望立刻止疼。

22.12 不是唯一

有一次，为了创造销售机会，我的公司向最终用户免费提供端点保护产品。其中，有一位身处独特垂直行业的 CFO 下载了软件，他有来自许多客户的敏感数据。那是通用数据保护条例（GDPR）出台之前的事情。他在公司的电脑上运行该产品，这时候"飞客"（Conficker）病毒爆发。我们接到了一个紧急求助电话，立刻到现场走访并提供了一个满足需求的解决方案。在调查工作中，我们发现该环境中的每一台服务器都受到了侵害，因为它们都没有打补丁，除了 CFO 的机器之外，大部分台式机也被感染了。当代理程序反复警告环境中的关键服务器上有飞客病毒时，他怀疑出了问题。我们的解决方案保护他免遭漏洞利用，但对于其他系统，这已经太迟了。

就这样，我们很快就收到了整个环境的订单，开始在关键资产上投入运行，与此同时，IT 部门开始对所有系统逐个进行修补和杀毒。

得到的教训如下所示。

- 端点保护只在覆盖所有人时才真正有效。遗漏任何系统都会使其遭到威胁。

- 如果您的解决方案发送了高危警报，就必须调查。将其当成漏报或者噪声，将使您面临真正的威胁。

- 如果那位 CFO 从不使用我们的免费版本软件，他们就不可能认为我们是能够解决问题的供应商。永远不要低估产品试用和免费版本的作用。

22.13 我最喜欢的故事

这是我最喜欢的客户故事，因为它太离谱了。一个在全球部署了大量自助终端的企业客户，选择使用竞争对手的 HIPS 产品加以保护。这个解决方案基于行为，拥有运行时模式和学习模式。从产品部署时起，它就采用学习模式，以构造"可接受"行为的描述。那时，机器学习技术还处于初级阶段。这一过程持续了几个月。在这段时间里，一个强大的蠕虫病毒给许多主流公司造成了严重破坏，损失达到数百万美元。这个客户也不例外。

因此，客户的第一反应是将自助终端的 HIPS 产品转入保护运行时模式，以阻止病毒威胁。遗憾的是为时已晚，所有自助终端都被感染了。于是，他们将代理保持在运行时模式，开始对系统进行修补和杀毒。处理了几千台机器后，他们发现自助终端又重新感染了这个蠕虫病毒。

简单地说，基于机器学习的 HIPS 产品"观察"到了蠕虫的行为，经过分析认为是可接受的设备通信。当他们试图修补系统，删除蠕虫时，HIPS 产品卸载了补丁，因为该产品从没有"学习"过这个可接受更改，而"可接受"的蠕虫文件和运行时库却被重新导入。正是这个 HIPS 产品不断地重新感染系统！

这一次，客户显然失望透顶，以至于提起诉讼。他们的业务中断，运营实际上无以为继。感谢上帝，这不是我的产品。他们将系统恢复到学习模式，修补系统并重新训练，真正地保证新行为是正确的。他们必须更正每一个系统，才能继续进行下一步，全部完成之后，再重启运行时保护模式。由于某些不为人知的原因，新的配置文件没有生效，所有机器又一次回滚到感染的状态。当然，这个解决方案被卸载，再未使用过。

得到的教训如下所示。

- 机器学习可能学到坏的行为。

- 自动化措施可能和原始威胁一样有危险。

22.14 有多少个 B 类网络

担任系统工程师时，我的客户经理和我在加拿大完成了一些繁重的工作。我们将设备的早期原型寄给一个可以信任的客户，以听取他的意见，寻求单独软件之上的追加销售机会。几周之前，他收到了设备，配置后开始对桌面环境进行扫描。此前，他们只扫描服务器。访问前的几天，我们收到了一份报告，情况不妙。数周之前启动的扫描仍在进行，客户所尝试的任何操作都没有得到任何结果或报告。他非常熟悉我们的软件解决方案，因此我们可以猜到，主要问题是新设备。他只在一层楼中运行了扫描，每个楼层只有 100 个设备。网络本身也有一些老旧，只能进行 10 Mbit/s 的半双工通信，但不应该有太大影响。

我们抵达现场（频繁出入境之后，我一直很喜欢加拿大的海关）开始工作。

我们审核了扫描设置、任务，最后查看了地址分组，立刻发现了问题。办公楼的每一层只有 100 个活跃设备，但每一层都使用单独的 B 类网络。扫描程序尝试连接全部 65000 多个地址，以确定哪 100 个地址是活跃的。更糟糕的是，这些设备随机分布在整个地址段中，没有人拥有地址或设备名列表，以构建简洁的扫描清单。因此，唯一的选择是尝试扫描所有地址。我们的设备没有任何问题，但根据要求的设置，它将花一个月以上的时间找出所有设备，而在其他所有地址上将会超时。用 SneakerNet 访问每个设备、写下 IP 地址，比采用地址组或扫描范围更快。在这个世界上，竟然有网络工程师如此配置大楼里的网络，超出了我的想象。显然，他们造成了常规工具不可能对付的管理梦魇。

最终，我们人工编写设备清单，构建新的地址组。此后，这个新设备一直毫无瑕疵地工作。

得到的教训如下所示。

- 盲目扫描大的地址范围很费时。如果您扫描所有端口且没有考虑 ICMP 响应，花费的时间还要多上许多倍。您必须等待所有请求超时，才能继续下一个地址。即便只依赖 ping 命令来确定活跃设备，也需要很长时间。
- 一定要检查扫描设置和地址分组。漫长的扫描时间可能是因为不正确的选项或配置不当的地址分组。
- 缓慢的网络限制了您可以同时扫描的目标数量，增加了扫描时间。
- 扫描明确的目标列表时，可能永远不会发现流氓设备。

22.15 来自地狱的博客

公司的新举措之一是启动一个博客。我们确定了博客写手，并雇用了一名顾问，教授我们编写优秀博客的方法，并制定了规范的交稿时间表。一开始，我以为写博客很简单。我对此知之甚少。顾问建议尽可能使用超链接，包括"N 大建议"等，为了模拟对话，还要引入争论。为此，每个作者都提交了一份样稿，顾问做出评论，并像编辑（更确切地说，是枪手）一样加上了自己的意见。这似乎是一种很棒的做法，可是顾问是撰写博客的专家，并不是安全专家。

我的第一个"样板"博客讨论了渗透测试及其合法性。我们的顾问（那位不那么专业的安全文章枪手）修改了第一句："我认为渗透测试应该是非法的"。这篇博客未经批准就发布了，在新网站社区中引起了绝对的骚动。连续几天，我接到了各种各样的电话和愤怒的声明，指责这一荒谬的评论。他们的意见是对的。我最终撤下了这篇被改动的博客，写了一篇新的，声明"我的真实意思是……"。

顾问尴尬地辞职了，现在，我们对所有博客都有一个审核规程，确保这种事情不再发生。而且，不再有枪手了。

得到的教训如下所示。

- 公开发布任何文章时，让其他人检查您的工作。

- 如果您有一位枪手，确保他们对您的领域有足够的专业知识，可以撰写这一主题的内容。就我个人而言，再也没有用过枪手，一切都是原创。

- 顾问们很了解拼图中属于他的那一块；但不要假定他们是深知其他业务环节的专家。

- 在 Web 上发布内容时，它们就永远在那里了。即便您删除了网页，有些人可能制作了索引、缓存副本或者将其拷贝下来，再也不可能完全删除了。只要人们愿意，就可能找到这些文章，包括未经我同意的那篇博客。

22.16　漂亮的门户，宝贝

在过去的生活中（上一份工作），我的公司曾开发了一项全新的门户技术。那时，微软 SharePoint 甚至都还没有成形。我们为这个产品开展了一项积极的营销活动，它也开始在分析师和新闻界得到了良好的反应。

20 世纪 90 年代末，为了参加在拉斯维加斯的展会，我们制作了数千件 T 恤，上面有"漂亮的门户，宝贝"（Nice Portal, Baby）的标志。市场部认为这是宣传新版本的绝佳口号。他们并不知道，自己选择的这句话在英式英语中实际上是容易引发愤怒情绪的。"门户"（Portal）一词在英国人的词典中也有"女性生殖器"的意思。读者可以自己替换这个词语，看看那件 T 恤对我们的海外客户意味着什么。

当然，我们一件 T 恤都没有发出去，几乎全部扔掉了。毕竟，这个"高招"

十分不正确。顺便说一句，在被嘲笑和向管理层的解释结束后，我们当中的一些人抢了几件留念。

得到的教训如下所示。

- 对外宣传时，谨慎考虑选择的用词。其他语言甚至方言当中的含义可能不同。

- 双关语可能引起误会；在发布之前审查可能的歧义。

- 了解您的受众。如果客户都是美国人，这一宣传可能根本不是个问题。

- 这样的错误代价很高。和本书中的其他例子一样，试着让其他人检查您的工作。

22.17 网上银行

在.com 经济的泡沫中，我和公司的销售经理与一家所有交易都在网上进行的银行接洽。他们没有实体经营场所，与其他银行相比，由于他们只需要应付企业办公室、收发室和数据中心的开销，因此存款账户的利息更高。这种业务模式听起来很棒，由于不存在任何实体场所，许多物理安全问题也就没有实际意义。支票存入通过邮件完成，取得现金则通过 ATM。

销售周期之初，我们确定漏洞评估是关键，因为他们的所有工作都是通过信息技术完成的。由于企业主要存在于网络上，没有任何人工流程。这正是我们的业务所在，因此看起来是"天作之合"。

那个时候，PCI DSS 还没有出现。客户只担心蠕虫病毒之类的威胁也是正确的，因为那是当时最大的威胁。当我们对环境进行初步扫描时，发现了当时的所有现代化系统（Windows 2000）和各种问题，包括空会话、空白和默认密码以及匿名共享。客户并不在意，因为这些系统都在防火墙之后，只有前向 Web 服务器——银行的正门——担心威胁。

试用之后，主要联系人就没有消息了，他的老板也悄无声息。我们没有发现任何人愿意谈起这次试用，或者想要购买解决方案的许可证。后来才知道，这两个人都因为未说明的理由离开了这家互联网银行。根据我们几个月后从新任安全官员那里得到的反馈,这两个人都参与了非法活动,被开除了。他们做了什么,我们不得而知,商业机会也失掉了。依照坊间流言,销售经理和我都认为,两人利用我们的数据在银行实施盗窃。不过,我们都没能核实。

得到的教训如下所示。

- 漏洞评估数据是很敏感的信息,如果落入不法分子手中,他们可能会利用这些数据,以最恶劣的手段对付组织。
- 即便是最微不足道的严重威胁,也可能对业务造成真正的风险。如果您不理解这些威胁为什么被标记为"高危",就要进行调查。不要因为有防火墙等其他缓解策略就无视威胁。
- 当客户失联时,您就遇到问题了,这通常不是好事。
- 银行劫匪以一切可能的手段追逐金钱。不管实体银行还是电子银行都同样危险。在当今的世界里,如果可以长期不被发现,网络攻击才是首选的手段。

22.18　谎言

我的一个竞争对手总是撒谎。您可能也会遇到这么做的供应商或者竞争对手。他们分发旗下产品与我司产品的竞争分析文件,但这些文件在几年前就过时了。实际上,即便在这些文件刚发布时也很不准确,随着解决方案的迅速发展,该文件很快就显得老旧了。

这些文件带来的问题是,当潜在客户在销售周期中收到它们时,对我们这些供应商就有了不必要的戒心。销售人员的第一反应是对每项陈述都进行反驳。我们的信念则是,一旦您这么做,就已经输了,因为不管那个文件是否正确,您为自己所做的辩护正中竞争对手的下怀。

经过反复尝试,唯一的对策就是走正道,越正越好。您无须回答那个文件中提出的问题。您可以这样解释,以前就看到过这种文件,它是迎合客户心态的标准策略,即使在刚发表的时候,文件就已经过时了、是不准确的。本质上,您打击的是竞争对手的信用度,使他们自称做得更好的方面都令人怀疑。

举个例子。那个竞争对手声称，他们不需要远程注册表访问，就能进行凭据扫描。这是谎言。在 Windows 主机上，不启动远程注册表服务（这时 WMI 远程启动尚未推出），是没有办法检查远程注册表的。他们对潜在客户说，我们需要启动这个服务，而他们不用，因此扫描更加安全。真相是，因为我们的先决条件文档提出了这个要求，而他们没有。就这样，他们没有坦承自己在文档中的疏漏，而将其编造成一个充满错误的竞争优势。

这样，当我们正面解释此类陈述的特性和准确性时，就建立了一种稳固的关系，并根据事实打消了他们的恐惧、犹豫和怀疑。最终，我们赢得了这笔业务。

得到的教训如下所示。

- 如果您对客户撒谎，一定会被逮住。

- 如果您对功能和需求做了虚假陈述，一定会被抓住，不得不在以后做出解释。如果这发生在销售环节完成之后，您可能会毁了自己的信用。而在销售之前，您很可能丢掉这笔生意。

- 如果您选择制作竞争性对比表格，就要准备好专门的资源，定期更新。一两个月之后，新版本的发行就可能改变事实，使这份文档及其观点变得不准确。

- 如果收到一份竞争性文件，不要逐行答复。这并不是征求意见书。开诚布公地，解释这种方法有缺陷的原因。解释可以以业务、技术甚至产品为基础。在这种情况下，永远别让客户将苹果与橘子作比较。

22.19 说到比较

我的销售团队常犯的一个错误是要求对比文档和功能表格，但对比的不是竞争对手的产品，而是自己。我不是说比较自己的产品不对，但有些时机和场合适合这类文档，也有些时候您绝不应该做这种比较。

首先，考虑网站上对比免费版本、专业版本和终极企业版本的表格。这能帮助您使用不同的发行版本，向更大、更有经验的客户追加销售同一产品的更多特性与功能。当您能证明不同特性与功能之间成本差异的合理性时，这种做法通常都能很好地发挥作用。

其次，对比产品组合中功能重叠的不同产品时，这种表格的效果就不好了。您实际上使自己的销售周期成了试图销售的两个产品之间的竞争，其中一个产品比另一个产品的功能多一些或是少一些，但两者属于完全不同的产品家族。

想象一下两个可以进行 Web 应用漏洞评估的产品。其中一个只能很好地完成 Web 应用扫描，而另一个只能进行基本扫描，但有附加的操作系统、应用程序及数据库扫描功能。如果对这两个产品进行比较，就会凸显其中一个产品的弱点（为什么它没有那种功能），也说明您的技术没有整合，缺乏解决问题的共同愿景。否则，您为什么要有两个完成同样功能的不同产品？

比较是追加销售技术产品的好方法，却不适合对比您自己的不同产品家族。当您遇到这种情况时，应该坚持一种产品，以其为主导。进行比较只会使销售周期陷入混乱，与自己竞争。

得到的教训如下所示。

- 正确地使用比较文档推销您自己的产品，而不是从字面上对其进行横向比较。

- 避免向客户推销解决相同问题的两个自有产品，这最终只会导致自相竞争，使客户感到困惑。

- 如果您必须解释两个（或更多）相同（或重叠）功能产品之间的差异，您将它们作为解决方案的策略就存在瑕疵。

22.20　理清事实

在职业生涯初期，我有一位销售人员，他会润色各种事实，使销售周期向有利于我们的方向发展。这些润饰并非公然的谎言，而是对事实略作夸大，使我们的产品看上去更讨人喜欢。这种做法总是带来问题，特别是在我们两人一起出席会议，向潜在客户介绍情况的时候。

我在工作当中最感到愤怒的一次就是由于这个问题，那发生在一次情况说明会之后。我的销售人员润饰了一份有关 SLA 的统计报告，当我随后介绍情况时，无意中与他的报告出现了矛盾。他缩短了所需要的时间（这是理所当然的），而我陈述的是我们的合同要求。

客户似乎没有注意到这个差异（我们赢得了这笔生意），但事后在车上，发生了一番愤怒的言语冲突和相互指责。

争吵和喊叫结束后，我们就一个简单的原则达成了共识：无论谁先说，都要听取他的说明，并在与潜在客户的其他谈话中使用他的统计数字。这一原则非常重要，因为有些时候，我先介绍情况，并提出一个事实，而他会说出自相矛盾的话，反之亦然。因此自始至终都理清事实，是重中之重。

得到的教训如下所示。

- 在向相同的受众说明情况之前，先听取同事的说明。使用他们陈述的事实、强调他们所要表达的信息，并保持一致。

- 如果同事说了谎或者美化了某个事实，不要在客户面前与其冲突。一定要在事后私下与其交流。您可能会吃惊地发现，自己错了。

- 向同事大喊大叫解决不了任何问题，保持冷静。这可能显而易见，但我看到很多此类情况，尤其是在下属面前。

- 如果您美化了某个事实，就要做好自圆其说的准备。根据收集到的数据，SLA 可能很容易调整，但其他事实就没有那么容易操纵了。

22.21 保形涂层

我刚进入 IT 行业时（John Titor 来访之前很久），曾经拥有一家咨询公司，为医生、律师和小制造商提供第三方咨询。那还是 OS/2、Windows 3.1 for Workgroup 和早期的 Windows 3.1 NT Server 的年代。

我的一个客户在生产车间中使用 Intel 386 计算机（兼容机），这些机器内部已经积满了灰尘和油污。我通过一个 BBS（在互联网时代之前，甚至没有来自 AOL 和 Prodigy 的基本服务）得知，大部分主板在制造后都涂上了保形涂层，以抵御潮湿和灰尘的侵袭。实际上，这种涂料相当持久，如果不接通电源，甚至可以在潮湿的情况下安全地重新组装。

于是，我用标准电气除油器、浴缸和洁肤露，给拆散的计算机（硬盘或系统机械部件除外）洗了个澡。

客户对此没有意见，因为他们曾尝试将新的 ISA 卡插到系统中，并在插入时用油脂堵住了插槽。很明显，系统无法工作，除了购买新机器之外，也没有其他方法清理它们。这种方法是最后的努力了。

机器洗了一个"冷水澡"，并在佛罗里达的烈日下晾晒了几天之后，重新安装起来并且工作得很完美。实际上，它们一直很好地工作到升级新硬件和 Windows 95。

得到的教训如下所示。

- 电子装置被弄湿不一定意味着损坏。完全关闭电源，移除电池。烧坏元器件的是设备上的电流，而不是水本身。然后，让电子装置完全干燥，如果有可能，可以将它们埋在大米中，只要屏幕或者液体敏感区域（扬声器或传感器）里没有渗水，这一招应该管用。大部分现代电路板都有保形涂层，可以保护它们免遭此类损害。

- 全面调查问题之后才采取行动。对于计算机的主板，我一贯认为肥皂和水是最后的手段。

- 今天，互联网是找到此类信息的最佳位置。这一事件发生时，我依靠 BBS 和聊天室，当今的帮助论坛和需要公司登录的私有知识库同样有益。如果一切其他手段都失败了，将设备埋在生米当中，有些人可能已经知道这一招了。

22.22 依赖性

任何试验项目中，最大的性能问题之一是系统硬件、软件依赖关系和先决条件。大部分供应商都会发布一个涉及面很广的清单，规定支持解决方案的主机系统或虚拟机。问题是大部分客户从未查看过这个清单，并且提供的硬件全然不足以完成任务。

有些制造商在安装前采用自动检查程序验证需求，其他则携带预先全面配置的设备试运行，以避免这些问题、延迟，以及可能出现的糟糕的用户体验。

我们的故事就从这里开始。当前需求文档建议最少有 4 GB RAM，配置细节包括安装 MS SQL。

潜在客户希望参与软件试用，决定在一个只有 1 GB RAM、安装了 SQL Express 的虚拟机上安装解决方案。他们没有任何多余的硬件，虚拟托管环境也不支持任何额外的资源。

这次试用当然是一场灾难。解决方案反应迟钝，各种功能失灵，用户体验也很糟糕。潜在客户仍然对这个方案很感兴趣，承认自身环境的不足，要求我们寄去一台物理设备。几周之后，一个箱子送到了办公室。

设置好系统、进行初步测试之后，我们很明显遇到了其他问题。即便我们使用了一个硬件设备，其他环境的依赖性仍然没有得到满足，某些功能也无法运转。这包括非常老的 Internet Explorer 版本仍然在用，它试图访问设备上的管理面板和现有的 WSUS 安装。

不用说，我们的设备表现更好一些，但我们只克服了大约一半的困难。客户和销售团队都不愿意阅读先决条件清单，验证所有关于主机先决条件和客户依赖性的要求。

客户很勉强地升级了几台主机，开始试用解决方案，但效果有限。此时，他们因这番折腾而苦不堪言，只希望有一个即插即用的解决方案。可是，没有一个系统真的能达到这个要求。这个客户遇到了所有问题——从要求互联网访问，到获取解决方案许可证，再到垃圾过滤器拦截许可证密码——这都证明仅仅有先决条件检查清单是不够的。

就这样，经过几个月的工作，这个客户没有决定将我们的解决方案投入使用，更重要的是，他们也没有采用其他任何一家供应商的产品，因为没有一个产品能在他们的环境中开箱即用。

得到的教训如下所示。

- 在试用或售后安装之前，一定要验证先决条件。
- 如果您遇到了互联网访问等基本问题，竞争对手也可能有同样的问题。
- 即便您的组织用虚拟机、基于软件的检查程序甚至固定设备来简化安装，其他依赖项也可能造成问题。重要的是完成先决条件检查清单，如果出现新问题，完整地记录下来供未来的客户参考。

- 如果客户坚持使用旧版本和过时的技术，确定您是否能支持它们，特别是在合同期限内。客户将抵制升级，有可能使您因为支持旧版本而消耗支持和 QA 资源。例如，您是否仍然支持 Windows 2008 甚至 Windows 2003。

22.23 轶闻趣事

剩下的这些故事本身很有趣，还有一些恐怖。希望您在保护资产的时候不会和它们扯上关系。

- 一家"财富 100 强"客户向我解释了他们的漏洞评估规程。他们只以空会话（无凭据）扫描服务器，寻找容易遭到蠕虫或僵尸病毒攻击的系统。他们没有对服务器或工作站进行凭据扫描，是因为他们的杀毒解决方案可以在任何问题蔓延之前加以阻止。只有他们的 PCI 环境不得不进行了凭据扫描。我不知道今天他们的安全策略是不是仍然如此，我真的希望不是。

- 一位客户在售前试用期间问我，对微软有何想法？按照常规，我向他说明了这家公司在处理漏洞和安全威胁方面做得有多么好、多么认真。他打断了我的话说："不，这不是我想问的。"他想知道我是不是喜欢微软公司，是因为他有一个去该公司工作的机会，正在考虑跳槽。请注意，他是这个试点项目的联系人，我能得到这笔生意吗？

- 我认识的一位系统工程师告诉我，他只有在合同到期重签的时候，才能听到供应商的消息。我问他，我们在让他了解最新情况方面是否做得很好。他诚实地回答道，他不知道。为什么？因为他收到的所有供应商邮件（不是来自个人，而是来自一个列表服务器），都被自动归入垃圾邮件。他从未阅读过它们。

- 一位用户决定将某个漏洞排除在报告之外，因为与漏洞相关的应用没有安装在他的系统上。这听起来是个简单的误报，但该漏洞还存在于第三方供应商分发的运行时库里。他没有确定使用该运行时的第三方应用，也没有确定该系统是否真的有漏洞，就将环境中的几乎每台 Windows 服务器当成例外处理。

第 22 章　实战故事

- 某企业客户选择了一种经常出现漏报和端点恶意软件感染的杀毒解决方案，只因为信息技术部门容易部署和使用。由于运营上没有遇到任何挑战，他们认为这种风险是可以接受的。

- 偏远地区的一个潜在客户不在任何 Windows 机器上使用 Internet Explorer，因为这个软件导致环境中出现了许多恶意软件感染。他们选择 Firefox 代替，由于我们的管理控制面板当时依赖于 IE 他们也不使用。当我们展示时，他们通过 IE 启动了自己的 VPN 客户端，因为这个客户端不能与他们选择部署的 Firefox 协同工作。

- 我的第一份咨询工作是帮助一家公司设计游乐场中的设施。周六下午，我接到一个电话，说 AutoCAD 崩溃了，正在破坏关键设计文件。我前往他们的工作场所，亲眼目睹了这个问题。我运行了 MS-DOS 的内存命令，发现 640 KB 常规内存几乎都被某个奇怪的程序占用了。我从未听说过这个程序。运行 dir/s 命令后，发现它在 AutoCAD 子目录中。我将这个文件删除，重启电脑，并用 emm386.sys 再次优化常规内存。经过询问得知，他们用的是个带有病毒的盗版软件，对其工作有其他的意图。这是我第一次体验到嵌入商用软件中的病毒，时间大约是 1994 年，在一台安装了 MS-DOS 5.5 的 Intel 386 电脑上。

- 当一位同事发来邮件说"我爱你"的时候，不要打开附件。这是实战中的经验教训。如果您不知道那是什么，可以在网上搜索"情书病毒"和"梅丽莎病毒"。有些对安全很陌生的用户显然不知道这一切，或者电影 *War Games* 的情节。

- 在展会上派发安全套，以强调您的新保护能力，是个坏主意。这比派发不能写字的廉价旧钢笔还要糟糕得多。您可能以为我在开玩笑，但这就发生在 20 世纪 90 年代末的 Networld Interop 展会上，是我的同事和我在营销活动变得疯狂时经常提起的故事。如果您想要发放礼品，就要了解受众和发放的东西。

- 不要因为对手是匿名者就惹怒他们。很多组织都曾在夸下海口后遭到失败。在决定攻击之前了解敌人。即便在今天，攻击性的网络安全措施仍然是很冒险的。

第 23 章
最后的建议

有这样一个老生常谈的话题，即"我们需要一个漏洞管理计划"的表述要比"我们要实际实施一个漏洞管理计划"的表述更容易。条例、合规要求和安全最佳实践都表明，我们需要一个规程，但实施一个高效的流程则完全是另外一回事。为了实现这样的流程，必须在组织内部灌输几个关键的观念。没有它们，您的资产保护和威胁防御措施就会失败。想要成功，下面的每一点都必须落实到位。

- 管理层的支持——行政领导必须完全同意实施漏洞管理计划，了解它所带来的风险和利益。由于自满、无知或其他动机而产生的严重抗拒，将危及整个计划。项目成本始终是要考虑的问题，执行团队必须得出结论，项目成本是否会大于漏洞管理计划执行不力的损失或风险。这包括了解风险并排定其优先级，知道风险何时可以接受、何时将严重影响业务。一般来说，CISO 有责任教育引导团队成员，而不是每周喊着"天要塌了"。

- 规程和政策——漏洞管理计划必须与指南和服务等级协议一同设计，包括清晰的所有权归属。执行评估后，如果不能根据结果，以及时、可预测的方式采取行动，计划就会失败。这一工作流程应该记入文档，定期审核并遵照执行，确保修复和风险缓解策略有效。

- 竞争——在谁能首先修补所有系统或部署新技术方面的良性竞争，更能激发智慧、振奋精神。如果您的组织能够在最终授予奖项，团队成员就有了努力的目标。竞争不一定要像体育比赛那样，但最成功的漏洞管理计划实际上就是这么进行的。您的计划中是否有正式的竞争无关紧要，但只要有一个部门、小组或系统与另一个进行比较，您就已经走上了这条道路。

- 度量和后果——在漏洞管理实施中，最危险的陷阱就是自满，以及无人为某种情况负责。如果存在未能及时修复或缓解的问题（通常是 SLA），则必须采取措施。如果团队因懈怠而造成安全风险，必须有人为这个问题负责。除了规程和政策，还要在整个组织范围内定义度量措施，以及未能遵循这些措施的后果。这可能是另一种形式的竞争。

- 教育与提醒——威胁无所不在，每天都在发生，甚至对我们的竞争对手来说也是如此。偶尔懈怠也是人类的天性。应该不断地让团队接受培训、向所有利益相关方传达威胁信息。如果没有告诉各个团队，不要点击链接，或者打开写着"收发室里有个您的包裹"之类的邮件，就存在风险。各个团队需要及时得到潜在风险的提醒。

- 基础预防措施——如果您从基础做起——从漏洞评估、补丁管理到权限访问委托，就会更快地发现组织中的缺陷，并进行更好的维护，这样简单的问题就不会成为组织的极大负担。基础的网络安全预防措施有助于您解决这些问题，包括良好的 DNS、AD 结构甚至可靠的 NTP 等基础设施。

第 24 章 结语

您的漏洞管理解决方案应该从头开始设计,为组织提供上下文感知的漏洞评估和风险分析。所有架构应该使组织能够具备下述能力。

- 全面分析所有基于 IP 的资产(包括 Web、移动、云和虚拟平台),便于了解组织网络中的所有内容。
- 通过迅速确认隐藏在 BYOT(bring your own technology)设备、未授权应用和未知端口中的未知危险,找出潜藏的风险。
- 通过自定义安全视图、审计和合规报告,清晰地观察数据。
- 将漏洞利用攻击与 Metasploit、Exploit-Database、Canvas 和 Core Impact 等进行关联,找出易受攻击的潜在目标。
- 深入洞察虚拟化、硬件加固和云化的环境,弥补漏洞缺口。
- 统一漏洞和威胁情报,获得更清晰、更全面的企业风险画像。
- 关联低级权限、漏洞和威胁数据,通过分析发现隐藏的威胁。
- 通过微软、Java、Adobe 漏洞的自动化修复,并更多地使用第三方集成,加速修补。
- 与其他 IT 系统共享漏洞情报并协作,以取得更强大的安全感知能力。
- 使用持续轮换的权限凭据,进行自动化凭据扫描。

因此,为了保护资产,构建稳固的防御,应该将数据放在合适的上下文中。您和我这样的企业风险度量与缓解负责人,不能承受失败。如果您有任何疑问,可以看看您的组织是如何衡量本书中的战略和建议的。如果您是个新手,那么就得到了 20 年的经验,可以从头开始构建您的计划。祝您好运,不要因为遗漏了补丁修复或是糟糕的安全配置而遭到黑客攻击。

附录 A
请求建议书（RFP）示例

修改、替换、扩大或者启动新漏洞管理计划的决策是一项艰巨的任务。为了简化这个过程，我们制作了一个请求建议书（RFP）的示例，可以修改为任何企业（{公司名称}），向任何供应商（{供应商名称}）提出申请。示例中列出的是通用需求，也有法律术语和供应商选择与功能要求。您可以根据单独的业务需求，或者从中深入认识到如何建立一个适合于组织的正式提交流程。为此，示例首先向您认为可能实现目标的候选供应商发出邀请。最后是见诸整个行业的所有最流行技术问题、许可、支持和报价。附录 B 包含了一个 RFP 数据表示例，可用于补充本章的内容，或者作为这一过程供应商选择的信息征询书（RFI）。

A.1 邀请

{公司名称}谨邀请{供应商}根据请求建议书（RFP）中的信息做出答复。

A.2 概述

{公司名称}发出这份 RFP 的目标是寻求并授权一家能够满足业务与技术需求的漏洞管理解决方案供应商。

本项目的愿景是确保{公司名称}了解公司网络和云环境内有哪些系统，那些系统的关键程度、存在的漏洞、每个漏洞造成的风险，并确保公司具备排定风险优先级和用于修复的流程及技术。

这项工作将以{公司名称}现有的成熟 Windows 与 Linux 补丁流程为基础，并可能替换或增强我们目前的漏洞扫描技术。当前方法有如下缺陷：

- 过分依赖人工步骤；
- 误报率过高；
- 对管理扫描工具及其工作流程的管理团队而言工作量大；
- 对负责解决漏洞的系统所有者而言难以管理；
- 生成的报告不能反映实际的补丁管理工作。

我们试图寻求并实施一种能够很好地与我们已定义的流程配合的工具，该流程可处理如下事宜：

- 资产识别；
- 漏洞评估；
- 资产漏洞管理；
- 优先排序和威胁情报；
- 自动化通信；
- 可靠修复或缓解验证。

此外，我们希望该产品在合适的情况下与其他系统和流程集成，最重要的有：

- {插入关键系统集成供应商和用例}。

{公司名称}打算进行以下扫描：

- 公共 IP 地址数量；
- 私有 IP 地址数量；
- 公共 Web 应用数量；
- 私有 Web 应用数量；
- 评估范围内台式机、服务器、移动设备、网络设备和 IoT 的大致数量。

这些设备位于如下场所：

- {列出地理要求}；
- {列出孤立或隔离区域数量}。

{公司名称}简介：

- {公司名称}是{公司简介示例文件}；
- {公司联系信息}；
- {RFP 回复关键日期}；
- {预计 RFP 授予日期}。

A.2.1　RFP 回复流程

请立刻发送电子邮件到{公司名称}的主要联系人，确认收到本 RFP。

如果贵司打算回复本 RFP，必须在{插入日期}之前通过电子邮件通知{公司名称}主要联系人。回复邮件必须包含如下内容。

- 说明贵司打算回复本 RFP，请引用标题页上的 RFP 名称。
- 贵司{公司名称}在此 RFP 主要联系人的姓名、地址、电子邮件和电话号码。
- 如果贵司不打算回复本 RFP，请表明贵司将拒绝回复的机会，并确认已在{插入日期}之前销毁本 RFP 的所有电子与纸质副本。
- 关于本 RFP 的任何问题请向{公司名称}主要联系人咨询。其他{公司名称}部门可能在 RFP 处理中提供意见。不过，除非{公司名称}主要联系人或{公司名称}财务部书面授权，关于本 RFP 只能联系上述个人。
- 回复应在{插入日期}前做出。确保回函的副本在要求的截止日期或之前送达{公司名称}，是{供应商名称}的责任。所有回复必须发送至{公司名称}主要联系人。
- {公司名称}的意图是在{插入日期}之前根据 RFP 回复决定首选供应商，并进入下一轮考虑。不过，{公司名称}届时可能选择不做出决定。同样，{公司名称}在任何时间点都可能选择不做出决定。
- {公司名称}可能会进行性能验证，确定提议中的解决方案符合{公司名称}的需求。

A.2.2　RFP 回复格式

寄出的回复应该一式两份。其中一份是 PDF 文档，另一份是 Word 文档。

A.2.3　RFP 回复内容

回复形式应该简洁直观，格式如下文所述。每份回复都必须包含下述内容。

- **签字**——包含一封由授权代表签署的信函或文件，发送至{公司名称}主要联系人，表明这一回复已尽了最大努力，并具有一个有效日期。

- **执行概要**——概述提议的解决方案，包括概要成本信息。

- **详细回复**——对需求和问题的详细书面回复。每个问题都必须回答，答案必须直接放在每个问题之下。

A.2.4　缺少回复

如果缺少回复，将被认定为"无法提供"或"贵司的产品或提议的解决方案不支持"。如果回复必须以叙述性形式提供，请清晰简明地表达。使用"固定"的市场营销或公关素材，可能阻碍或混淆对竞争对手回复的分析，我们不建议这么做。

A.2.5　条款与条件

保密性和非公开协议。

包含在本文档中的素材归{公司名称}所有，这些素材的任何权利都不能转让给任何其他组织。除非有效回复本 RFP 所需，不得在没有{公司名称}书面同意的情况下全部或部分披露、复制或以其他方式透露，这些行为还受到{供应商名称}和{公司名称}的非公开协议条款的制约。

同意回复本 RFP，{供应商名称}就等于承认{公司名称}的业务规程、理念、创造、计划、财务数据和 RFP 内容，以及其他{公司名称}信息都是{公司名称}的专有财产。{供应商名称}还同意将保障这些信息的安全，程度等同于保障自己的机密材料或与业务信息相关的机密或专有性质的数据。除非事先得到{公司名称}的书面同意，{供应商名称}将不会在任何广告或宣传材料中提及或使用{公司名称}的名称。

A.2.6 补充说明

{供应商名称}必须确定用于回答 RFP 问题的一般可用产品版本信息。如果有任何答案是基于其他目前不可用（预期在未来推出）的产品版本，必须加以说明。

{公司名称}没有义务披露决策的理由。{供应商名称}应该理解，一切需求都在本建议书中概述，不应该根据本 RFP 之前的业务来往或者讨论提出建议。

本 RFP 发布之后，如果{公司名称}决定变更其中的任何条件，将通知所有供应商。已经提交建议书的供应商可以对其进行修改。如果必要，{公司名称}将规定新的建议书提交日期。

{公司名称}的决策基于提交建议书的各项优点。价格不是唯一的决定因素，{公司名称}也没有义务选择出价最低的提案。

选择完全由{公司名称}裁定。

{供应商名称}必须理解，{公司名称}在审核提案时可能需要内部各部门、第三方或外部顾问的协助，因此需要在签署的保密协议条件范围内，得到必要时无限制复制和分发所提交建议的权利。

{公司名称}保留如下权利：

- 继续或不继续采购本 RFP 中请求的商品和/或服务；
- 修改或修订 RFP 中的任何条款；
- 拒绝收到的对本 RFP 的任何或全部回复；
- 将业务授予超过一家供应商；
- 在各方执行正式的书面合同之前，业务授予尚未完成。

{供应商名称}提交的所有建议、信息和 RFP 回复将包含在最终的合同中。不应该提交任何不包含在合同中的信息或其他素材。

A.3 无条件需求

本节定义{公司名称}认为考虑贵司解决方案时绝对必要的功能和技术需求。

如果贵司的解决方案无法满足这些需求,就不应该选择参与本次 RFP,并通知本 RFP 列出的对应联系人。

A.3.1 功能需求

下面是在选择供应商时需要满足的功能需求:

- 产品必须提供整个漏洞管理生命周期的解决方案;
- 产品必须用基于风险的模型报告漏洞,包含服务器关键性、数据敏感性、漏洞严重性和现有补偿控制手段等多个因素;
- 产品必须提供与{插入供应商}集成的机制。

A.3.2 技术需求

下面是在选择供应商时需要满足的技术需求:

- 贵司提议的解决方案,包括产品与服务,必须在回复之日时可供我方采购;
- 该产品必须提供基于角色的访问控制,对管理员、用户和认证扫描所用的凭据支持最小权限原则;
- 产品必须与我们的目录服务集成。

A.3.3 补充需求

下面是在选择供应商时需要满足的补充需求:

- 贵司必须能够证明财务状况良好,比如由邓白氏等著名财务报告服务机构出具的文件。
- 贵司必须能够说明下述信息。
  - ➢ {插入其他业务需求,如通用标准、GDPR、FedRamp 或 NIST 合规性}。

A.4 供应商技术与经验

请回答如下问题，以便我们更好地了解贵司和贵司的解决方案。如果贵司提供了多个不同产品，可在适当的位置答复，但主要围绕漏洞管理产品答复。

A.4.1 公司历史

1. 请描述贵司及其漏洞管理解决方案，包括：

    - 对本解决方案的开发起到重要作用的关键创立者和开发人员姓名，这些人是否仍在公司；

    - 企业合并与产品收购的所有历史；

    - 贵司创始产品系列，以及发展到现有产品的历程；

    - 正在进行中或已公开宣布的所有并购；

    - 贵司是否寻求被收购，或者预计有收购的举措。

2. 请提供当前组织架构图，标明销售/市场、支持和财务/法律团队的姓名、职务、地址、电子邮件和电话号码。

A.4.2 财务信息

3. 财务状况在我们的评估和选择过程中很重要。因此，我们评估财务可行性。请提供贵司母公司的如下数据：

    - 如果是上市公司，当前季度和前两年的 10K 或类似报告；

    - 如果是私有公司，经过独立审计的财务报告，包括审计师的证明；

    - 关键财务所有人/利益相关者声明；

    - 最终转入母公司的任何子公司的报告。

4. 说明贵司过去三年的资本与 IT 运营开支。提供当年的资本与运营预算，并包含研发投资。

5. 说明贵司雇用的 IT 工作人员的数量，按照管理、咨询/分析、销售、开发、实施/专业服务、客户服务等分类。

A.4.3 成功客户与参考

6. 请至少提供三家参考公司，最好是{指定垂直行业}。这些公司全面部署了类似贵司提议的解决方案，并已投入商业生产环境中使用。请解释客户现场的实施范围。客户的需求应该与{公司名称}表达的一致。

A.5 解决方案功能

本节包含的问题与贵司解决方案的用途和满足{公司名称}需求的方式有关。答案应该针对产品的用途，包括其功能和影响其使用或被其使用影响的业务过程。

7. 请提供贵司答复本 RFP 时提议的解决方案的概要描述。这个解决方案已经推出多久了？

A.5.1 评估

8. 贵司的产品本身是否包含扫描功能，还是建立在供应商的扫描技术基础上？贵司的扫描技术是自研，还是需要许可证以使用另一家供应商的技术？如果是使用另一种技术，请指明是哪家公司的技术。

9. 请描述可能运行的不同类型扫描，如发现扫描、漏洞扫描、修复验证扫描、配置扫描、补丁扫描等。除了扫描漏洞，产品能否确定系统满足配置标准？这是否可以通过网络或代理技术完成？

10. 请描述扫描排期方法。一定要认真描述扫描排期的不同方法，包括不同类型的单独扫描、重复扫描、验证扫描、网络和代理扫描等。

11. 请明确定义贵司系统可以扫描的所有系统和操作系统。请至少说明贵司的系统在扫描如下操作系统和设备时所能达到的详细程度：

    - {插入贵司的解决方案平台，如 Windows、macOS、Linux 等}。

12. 请明确定义贵司的系统设计用于扫描的具体应用程序和数据库。

13. 提供贵司工具支持的验证扫描（用于验证特定漏洞是否修复的扫描）过程的详细信息。描述贵司工具如何针对识别的系统和/或漏洞实施扫描。

14. 请描述贵司的工具如何实现扫描窗口（所允许的扫描时限）的概念。

    - 哪类扫描遵循扫描窗口？
    - 哪类扫描在扫描窗口之外进行？
    - 扫描窗口如何定义和组织？
    - 谁有能力定义和指定扫描窗口？
    - 谁有能力在窗口之外安排或启动扫描？

15. 请详细描述系统、扫描和报告的组织方式，以及组织应用的功能。例如，根据 IP 地址段扫描或报告，根据系统关键程度（或其他元数据）扫描或报告，根据系统功能扫描或报告，根据系统使用时间扫描或报告（例如，上个月以内部署的所有服务器），根据操作系统扫描或报告，等等。

16. 描述不同系统、扫描和报告之间的关系。工具如何支持分层关系？（例如，按照分层，所有"Windows 服务器"可以是"服务器"组的成员）。工具如何支持非层级关系？（例如，某个特定的 Windows 服务器除了是"Windows 服务器"组的成员，还可能是"文件服务器"组的成员）。

17. 描述产品可以在多大程度上识别特定操作系统或应用，如版本级别、补丁级别或构建级别。选项（如扫描参数、使用代理或凭据扫描）对准确性有何影响？

18. 详细描述贵司的工具如何执行凭据（认证）扫描。

    - 需要何种级别的认证？
    - 如果我们使用权限更少的用户，对结果有何影响？
    - 凭据如何存储？

- 贵司的工具如何缓解凭据扫描引发的风险？
- 贵司的工具如何处理可能阻止根管理员或域管理员远程登录的配置？
- 贵司建议我们实施哪些过程，以进一步缓解风险？

19. 描述贵司的工具对安装在系统上的代理的依赖性。
    - 它们是必需的吗？
    - 它们是可选项吗？
    - 贵司在什么时候建议使用它们，以及何时建议避开它们？
    - 贵司的代理支持哪些操作系统？
    - 贵司如何支持代理的部署和补丁？

20. 贵司的解决方案如何支持远程场所的扫描？请谈谈连接速度慢但有重要基础设施的场所（例如有一个或多个服务器机房的驻外办事处）、连接速度慢但基础设施很少的场所，以及时差带来的具体挑战。

21. 贵司的解决方案如何支持笔记本电脑等设备的扫描，这些设备在指定时间可能在或不在公司网络上？

22. 贵司的解决方案如何支持移动设备的评估？

23. 请描述贵司的工具中可能提供的所有标准合规扫描模板，如 PCI、HIPAA 等。如果贵司有 PCI 模板，请全面介绍模板所提供的内容，这些内容是开箱即用还是作为起点，贵司是否有 PCI ASV 认证。

24. 贵司的工具在扫描时提供何种级别的测试细节？

25. 请描述扫描期间创建自定义测试的过程。

26. 请描述新系统投产时，贵司工具集应该遵循的规程。一定要确定漏洞管理工具管理员执行的具体步骤，以及系统所有者上线或退役资产时所执行的步骤。

27. 如果工具在扫描期间给某个系统造成了负面影响（例如导致性能问题、应用程序停止运行、系统崩溃或重启），该工具如何检测这种影响并做出响应？

28. 描述可以调整的扫描参数，贵司对这些调整的建议，以及参数的配置级别（系统级、组级、扫描级）。

29. 工具如何处理新发现的设备？

    - 报告关于系统的哪些信息？
    - 贵司建议对这些设备做哪些处理？
    - 贵司建议在发现扫描执行之前将资产添加到工具中，还是依靠发现扫描发现新设备？

A.5.2 缓解误报

30. 描述贵司产品避免误报的措施。作为工具管理员，我们在帮助该产品避免误报上有何责任？

31. 描述贵司的产品如何使用操作系统、应用程序、版本、补丁级别、补偿控制等的知识，以正确地报告漏洞。

32. 描述贵司产品如何帮助我们识别、处理和记录误报。解决漏洞问题的人员如何知道这个漏洞之前是否被当作误报？

33. 描述贵司产品如何应对当前的误报在将来可能成为事实这一事实。

34. 描述确定误报过程中的角色与权限。工具如何确保误报的漏洞已得到相关方的验证和批准？

A.5.3 风险优先排序

35. 描述贵司工具如何帮助我们按照系统关键程度、数据敏感性和贵司可能支持的任何其他参数，对资产进行分类。

36. 描述贵司工具如何指定漏洞的默认严重程度。谁负责确定特定漏洞的默认严重性为低、中或高？

37. 描述贵司产品如何帮助我们改变特定漏洞的严重性。具体流程是怎样的？需要什么样的权限？提供了哪些记录更改的机会？

38. 描述贵司产品用于评估特定系统上识别出的每个漏洞风险的算法。请提供完整的数学公式，以及所有常量与变量的完整定义。

39. 贵司的工具如何处理风险确定中存在的补偿控制和其他缓解因素？如何帮助我们记录这些控制的存在？

40. 贵司的产品如何让我们人工定义某个易于遭到攻击的资产？

41. 贵司的产品如何让我们手动覆盖某个漏洞？

A.5.4 报告

请描述贵司产品的报告功能。以记录本的形式提供标准报告示例。

42. 贵司产品提供哪一类仪表盘？

    - 仪表盘上的信息如何根据用户角色变化？
    - 默认仪表盘的外观是什么样的？
    - 工具管理员能为每个人定制仪表盘吗？
    - 用户可以定制自己的仪表盘吗？
    - 仪表盘显示哪些实时状态信息？

43. 列出开箱即用的报告。确定每种报告针对的用户和目标。

44. 创建自定义报告需要购买哪些附加产品（如果有的话）？

45. 报告有哪些日程和输出选项，如自动保存到文件系统、Web 服务器、SharePoint 等。描述分发报告可用的交付机制（例如，PDF、Excel）

46. 描述临时查询和报告的生成方式。确定它们与数据的交互方式。

47. 贵司的报告参考哪些行业标准漏洞数据库？

48. 贵司的报告链接到哪些参考来源？所有报告还是只有一部分报告有"更多信息"的超链接？

A.5.5 第三方集成

49. 贵司支持与其他系统集成的哪些方法，如通过电子邮件、Web 服务、消息队列、RPC 等？

50. 解释与如下产品的任何已知的内建或过去编码的集成：

    - {列出必要的第三方集成}。

51. 请描述贵司是否有与第三方产品的开箱即用（无须编码或特殊服务）集成。

52. 描述贵司工具的日志功能，以及您的日志是否可以通过 syslog、SNMP 陷阱或其他机制转发给外部日志系统。

53. 请描述贵司工具与任何漏洞通知/警报系统或网站的集成。

54. 请描述贵司工具与任何 IDS/IPS 系统的集成。

55. 描述如何将数据从竞争对手的系统中导出、导入贵司的系统，以确保数据连续性。

A.5.6 数据历史

56. 贵司的系统能存储多少历史数据？我们有没有调整可用历史数据量的选项？

57. 贵司产品存储哪些系统相关数据？

58. 贵司产品如何检测新系统？

59. 贵司产品如何区分新系统和 IP 发生变化的现有系统？

60. 如何检测新应用和对应用的更改？

61. 贵司的系统如何帮助我们提供关于资产的注释？

A.5.7 配置管理

62. 贵司的工具如何帮助我们提供关于配置更改的注释？

63. 哪些特定配置更改可以记入文档，哪些不能？

64. 贵司产品如何跟踪配置更改历史？

65. 贵司产品如何回滚到以前配置的更改？

66. 贵司产品如何让我们比较当前和过去的配置，或者两个之前的配置？

67. 贵司产品如何让我们确定特定日期的准确配置？

68. 关于配置更改，日志中记录的细节水平如何？是否可以转发到我们的集中日志系统？

A.5.8 基于角色的访问

69. 描述贵司产品如何使用基于角色的访问控制，以支持最小权限原则。

70. 用户是指定角色、映射到角色的组还是采用其他方法？

71. 有哪些开箱即用的角色和组？

72. 我们添加或更改角色/组的过程是怎么样的？

73. 贵司的工具如何支持某些角色对不同资产有不同成员的概念？例如，John Titor 可能是系统管理员，但只针对基于 IBM 的 Windows 服务器，而不针对基于 IBM 的 Linux 系统或任何其他供应商。

74. 贵司的工具如何支持同一组或团队的用户相互访问对方的功能，以代替其工作的需求？例如，John 可能已开始修复 System X 上的漏洞，但他休假了，Larry 必须使用该工具以完成修复。或者，Richard 计划进行一项扫描，但 Arther 需要在 Richard 不在场的情况下跟进，确保扫描正确完成，并处理出现的任何问题。

75. 负责处理特定系统漏洞的服务器管理员在贵司产品中有何种权限？更改这些权限的过程是怎样的？

76. 描述贵司产品与活动目录、LDAPS 集成，以进行认证与授权的方式。

A.5.9 训练与专业服务

77. 详细说明贵司或第三方为本产品非技术管理员所提供的培训。培训方式是什么（场外、场内、预先录制的 Web 培训、交互式 Web 培训等）？培训时间多长？

78. 接下来 12 个月内的培训是如何安排的？

79. 详细说明贵司或第三方为协助配置本产品的技术安全分析师提供的服务。培训方式为何（场外、场内、预先录制的 Web 培训、交互式 Web 培训等）？培训时间多长？接下来 12 个月内的培训如何安排？

80. 详细说明贵司或第三方为产品实施提供的专业服务，特别是围绕许多不同该类型设备的扫描配置。

A.6 技术考虑因素

本节的问题与贵司的解决方案和{公司名称}的技术需求相关。回复应该针对设计、安装和支持贵司解决方案的信息技术专家。根据解决方案是企业本地型、基于云（SaaS）或者混合型，有些问题可能与贵司的特定解决方案不相关。请回答所有相关的问题，并将与您的解决方案无关的问题标记为"不适用"。

A.6.1 产品许可证和组件模型

81. 许多软件解决方案包括核心模块和附加模块或组件。许多硬件解决方案由硬件加软件或多个硬件组件组成。请以贵司的价格表的官方名称列出每个软件和/或硬件模块/组件。

82. 列出除了贵司的核心产品，{公司名称}为了使用贵司产品还需要采购的其他硬件、软件许可证或服务。

83. 列出您认为与本 RFP 相关、可以选择与贵司产品集成的任何第三方产品（商业或开源）。

84. 描述贵司解决方案的许可证模式（例如，站点许可证，每用户许可证、浮动许可证、每机器许可证、每处理器许可证等）及其实施机制（如果有的话）。

85. 描述贵司产品的完整技术架构，包括用于实施解决方案的技术说明。请包含一个简图，说明贵司产品与典型客户基础设施、数据和服务以及第三方组件或工具的关系。

86. 为了实施贵司提议的解决方案，{公司名称}需要哪些物理基础设施？如果贵司的解决方案使用浏览器，具体支持哪些浏览器和版本？

87. 提供贵司解决方案的架构图，包括硬件、软件、网络、冗余性、托管位置等。在合适的场合下，包含第三方元素，如约定服务、场外备份、报告工具等。

A.6.2　必要的硬件和操作系统

88. 确定贵司产品运行的硬件和操作系统平台：

    - 包括客户端和服务器平台；
    - 说明产品、操作系统和虚拟环境版本；
    - 说明贵司所支持的每个平台上使用该解决方案的客户数量；
    - 说明贵司首选的平台和架构。

89. 贵司产品可以同时部署在多种硬件/操作系统平台上吗？

90. 支持哪些虚拟和云环境？

91. 在虚拟环境中实施与专用硬件上实施有何不同？

92. 说明管理解决方案所需人员数量和技能要求。列出管理员可能需要的任何特殊技能。

93. 讨论贵司解决方案对多管理员和分布式管理的支持。具备管理权限的用户数量有无限制？对他们的地理分布有无限制？

94. 解释版本补丁与升级的处理方式。

    - {公司名称}如何了解补丁和升级？

- 我们如何获取补丁与升级？
- 实施它们需要遵循什么规程？

95. 贵司的解决方案是否有公开的 API？如果有，每个 API 提供哪些功能，哪些语言可以使用这些 API？

96. 描述数据库技术在贵司产品中的作用。哪些组件使用/访问数据库，以及出于何种目的？

97. 如何保障数据库中的数据安全？

98. 贵司解决方案中的旧数据如何存档或清除？

99. 贵司报价中是否包含数据库许可证？

A.6.3 数据集成

这里专注于贵司提议的解决方案需要的其他系统数据，以及它导出到其他资源的数据。

100. 描述解决方案支持从各种来源和格式导入数据的能力。哪些格式和协议有现成的支持？如何处理其他格式的数据？

101. 描述解决方案支持将数据导出到不同来源和格式的能力。哪些格式和协议有现成的支持？如何处理其他格式的数据？

A.6.4 网络影响

102. 贵司的解决方案是否需要 IP 之外的网络协议？如果有，请说明。

103. 贵司对我们的网络基础设施有何预期？请描述预期的 LAN 和 WAN 特性。贵司有无机制限制网络流量消耗，以防止贵司的解决方案将网络资源消耗殆尽？

104. 贵司的解决方案如何在防火墙或多级防火墙后面工作？需要在防火墙上打开哪个特定端口？这可以配置吗？

105. 如何在全球分布式环境中实施该解决方案？讨论该解决方案对网络相关

问题（如延迟、暂时不可用、长时间不可用等）的宽容度。

106. 解决方案的任何组件是否需要多播寻址？
107. 贵司是否建议（或避免）在无线网络上部署？
108. 讨论解决方案的负载均衡能力，以及负载均衡设备可能对解决方案产生的影响。
109. 讨论解决方案的可伸缩性和故障切换特性。

A.6.5 可靠性、实施和可扩展性

110. 什么类型的系统监控能力能够度量贵司产品的数据处理成功率？
111. 描述贵司解决方案的可伸缩性，以及它是如何开发以处理事务、数据或用户的增加的。
112. 讨论任何已知的最大数据量或吞吐量水平，以及最小和最优技术环境下的相关响应时间。
113. 描述监控该解决方案正常运行时间和事务响应时间的方式，以便说明该解决方案正按照贵司公布的服务等级协议运行。
114. 描述大部分安装共用的性能调整规程。

A.6.6 安全性

软件解决方案必须能够保障整个企业范围内与{公司名称}延伸的业务社区之间公司数据交换的安全，且不会损害安全策略。为此，该解决方案必须加入合适的安全措施，确保有效的用户认证、访问控制和数据加密。开发、管理和任何其他可配置工具或环境的访问权应该通过用户认证、用户授权和相关权限等级限制。

115. 描述解决方案的安全架构。
116. 是否有多种级别的管理访问权限？
117. 贵司的解决方案是否为安全相关的事件与信息提供审计、报告和警报？

118. 作为供应商，贵司如何支持针对操作系统、相关数据库或其他第三方软件发布的安全补丁？

119. 在操作系统安全补丁发布到支持该补丁之间的时间间隔内，贵司采用何种策略？

120. 网络上传送的数据安全如何保障？

121. 对于这一目的，使用何种级别和类型的加密？

122. 贵司的解决方案是否需要下载的组件（例如浏览器插件）来执行？如果需要，请描述其功能。

123. 贵司的解决方案提供认证/授权数据结构的专有拷贝，还是在必要时动态获取认证/授权数据？

124. 作为供应商，贵司是否需要远程登录系统，来进行管理或维护？

125. 如果该解决方案的任何特性需要与业务网络之外的组件、服务或用户交互，请详细描述这些交互，包括使用的格式和协议。

A.7　实施考虑因素

这些问题与贵司解决方案在{公司名称}的实施有关。回复应该包括描述贵司的典型实施方法、参考实施（逻辑、物理和业务持续性）以及实施所包含步骤的信息。

126. 请描述{公司名称}可以如何测试或预览本产品，作为此次评估的一部分。

127. 请概要介绍贵司建议的实施方法。这应该包括估计时间和资源需求的方法、需要哪些计划和设计阶段、投产的典型路径以及贵司预计在实施期间所起的作用。

128. 为了支持贵司的方法，贵司是否提供或推荐有助于支持和加速解决方案部署的第三方工具？

129. 提议中的解决方案在实施期间，贵司建议的人员和人员配备需求是怎样的？

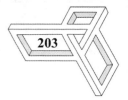

130. 贵司建议的实施后人员和人员配备需求是怎样的？

131. 维护提议的解决方案生产运营需要哪类人员？

A.7.1　系统维护和修改

{公司名称}期望供应商定期提供新版本、更新和改进。这一预期对硬件和软件供应商均适用。

132. 贵司如何区分升级版本和维护性版本？

133. 许可证费用中包含哪些类型的升级？

134. 年度维护成本中包含哪些类型的升级？

135. 哪些类型的升级需要全新的许可证？

136. 贵司交付升级版本和维护性版本的平均频率？

137. 说明贵司关于旧版产品支持的政策。有多少以前的版本得到支持？任何指定版本的支持持续多久？

A.7.2　用户支持

138. 贵司提供或支持哪些用户会议、跨公司用户组或列表服务器？

139. 描述应用内部和/或网上可以获得的管理文档。

140. 描述贵司的在线、帮助台支持以及资源可用性。

141. {公司名称}如何询问关于产品使用的问题？{公司名称}应该与谁联系？

142. {公司名称}如何报告产品缺陷？

143. {公司名称}如何请求新功能？

144. 支持联络人是否限制在指定的{公司名称}人员？

145. 讨论贵司对美国以外用户的支持。

146. {公司名称}是否愿意向我们的公司提供路演？

A.7.3　硬件成本

作为本建议书的一部分，请提供贵司所需硬件的报价，包括专用服务器、扫描仪和/或所需的设备。

A.7.4　软件许可证

请提供{公司名称}可用许可选项的报价，并说明许可机制中包含的任何限制。请包括解决方案中未包含的操作系统和数据库可能需要的软件许可证。

请解释{公司名称}可用的许可证模式，并提供每种模式的详细报价。解释贵司提供的每种模式管理许可证的方式。解释使用的任何术语的意义和内涵，例如按 CPU、按用户/席位、指明用户、按场地/位置、企业范围内、基于收入等。请说明每种模式对共享同一台计算机的多位用户和可能使用多台计算机的用户所产生的影响。考虑远程办公用户、跨多个园区工作、共享工作（两位兼职人员承担相当于一位全职员工的工作）、使用终端服务或远程桌面的用户、开发和测试实验室机器，以及其他贵司可能了解的"特殊案例"的需求。

{公司名称}可能选择只实施整个提议解决方案的某些部分，也可能只对内部和/或外部用户的一个子集实施。请在提出定价模型时考虑这一点。

A.7.5　支持和维护成本

请提供可用支持和维护的详细报价，包含在基本系统中的除外。支持服务包括技术支持、软件维护和版本更新。详细说明所有"银""金"或"铂金"级支持服务、电话支持、办公时间支持、24/7/365 支持、新版本支持、增量版本或维护版本支持的成本。

A.7.6　培训成本

请提供可用培训的详细报价，包含在基本系统中的除外。对于培训的定价，请包含为开发与支持组织建议的课时与科目类型，以及按用户按科目和按现场授课的单独定价表。

A.7.7 专业服务成本

请提供贵司协助架构设计和实施的咨询服务专业人员的报价，以及不同级别专业服务的定价。

附录 B
请求建议书（RFP）数据表格

每个漏洞管理供应商都能够实施网络漏洞扫描。但是，每个供应商对您资源（从移动到云端）的覆盖能力是不同的。为了简化所有漏洞管理上的差异，应该考虑供应商为您提出的能力（表 B-1——RFP［或 RFI］问题示例），以及这些运营需求是否适合于您的环境。

表 B-1　RFP 漏洞管理需求示例

解决方案需求	需求权重	供应商成功率	最终加权得分
{公司名称和保密声明}			
漏洞扫描			
内置自动化凭据扫描（用持续轮换的凭证进行自动化认证扫描）			
自动化漏洞更新			
内置报告模板			
漏洞警报			
网络漏洞			
操作系统漏洞			
应用程序漏洞			
虚拟化漏洞			
虚拟化应用（VMware ThinApp）			
配置扫描			
Web 应用扫描			
内置扫描模板			

续表

解决方案需求	需求权重	供应商成功率	最终加权得分
SCAP（OVAL）扫描（微软、UNIX、Linux、VMware、Cisco 等）			
自定义审计组			
漏洞利用情报（将已知漏洞利用映射到漏洞）			
PCI 扫描			
云评估：Amazon			
云评估：Azure			
云评估：vCenter			
云评估：RackSpace			
云评估：GoGrid			
云评估：IBM SmartCloud			
离线 VMware 扫描			
数据库扫描			
扫描排期			
微软"补丁星期二"24 小时 SLA			
STIG 扫描模板			
基于主机的扫描选项			
基于网络的扫描选项			
基于云的扫描选项			
IPv6 支持			
报告			
威胁分析			
与权限用户数据关联的威胁分析			
综合报告（补丁替代）			
内置报告模板			

续表

解决方案需求	需求权重	供应商成功率	最终加权得分
高管报告模板			
修复报告模板			
漏洞导出报告			
导出格式（PDF、CSV、XLS、XML、HTML、Word、TXT等）			
CAG（SANS 20）报告模板			
PCI扫描和报告模板			
恶意软件报告			
Delta报告			
自动化报告			
攻击报告			
自定义报告			
集成数据仓库			
企业报告管理			
调度报告			
实时警报			
电子邮件分发			
发布与订阅			
STIG扫描和报告模板			
集成			
根据漏洞限制应用程序执行（基于漏洞的应用管理）			
根据第三方连接器（Palo Alto）实时警报			
API			
PowerShell			
资产管理解决方案			

续表

解决方案需求	需求权重	供应商成功率	最终加权得分
SIEM 解决方案			
工单系统			
企业可扩展性功能			
n 层架构			
基于角色的访问			
扫描负载均衡			
不受限制的扫描程序			
不受限制的用户/控制台			
单点登录支持			
高级特性			
跨平台浏览器支持：Internet Explorer、Chrome、Firefox、Safari 等			
带有深度显示的交互式仪表盘			
富互联网应用			
基于异常的运营状态			
基于用户的安全性			
扫描数据的数据库存储			
灵活的扫描数据清除选项			
按风险进行资产评分			
企业扫描选项			
移动设备扫描			
CVSS 时序评分支持			
CVSS 环境指标支持			
CVSS 基本支持			
扫描器池			
扫描器锁定			

续表

解决方案需求	需求权重	供应商成功率	最终加权得分
高级/灵活分组			
高级/灵活资产目标定位			
高级/灵活资产过滤			
高级/灵活规则引擎			
集成数据仓库			
趋势报告			
业务计分卡			
合规计分卡			
高管与总结报告			
交互式分析视图（内置和定制）			
资产与漏洞热图（包括第三方漏洞利用情报）			
报告快照			
真正的即时报告（数据透视表）			
高级/灵活活动目录集成			
根据自定义规则自动化审计分组			
智能凭据分组			
合规性			
映射到特定任务控制目标的漏洞			
新合规报告的自动更新			
合规库支持			
PCI			
SOX			
HIPPA			
GLBA			
FISMA/NIST			

续表

解决方案需求	需求权重	供应商成功率	最终加权得分
ISO			
COBIT			
HITRUST			
MASS 201			
月度合规仪表盘			
每日合规仪表盘			
详细合规报告			
合规记分卡			
合规性增量报告			
配置合规性（基准）			
基准策略管理集中配置			
集中基准（通过/失败）报告			
行业定制 OVAL 内容的能力			
健全的内置基准库			
CIS			
DISA			
DoD			
微软安全合规性			
NIST			
集成的补丁管理			
多补丁服务器支持			
Windows 补丁管理			
第三方应用补丁管理			
漏洞-补丁集成视图			
补丁优先级排序			

续表

解决方案需求	需求权重	供应商成功率	最终加权得分
定向性补丁部署			
集成补丁报告			
部署			
软件安装			
硬件设备选项			
虚拟设备选项（VMware）			
虚拟设备选项（Hyper-v）			
虚拟设备选项（Amazon）			
虚拟设备选项（Azure）			
托管服务			
基于代理扫描			
外部扫描			
混合部署选项			
实施、培训与支持			
在线门户			
电话支持			
SLA 响应			
培训			
咨询服务			